# BEST HOTELS IN PARIS

**is an internet website and a FREE reservation center**

**est un site internet et un service de réservation GRATUIT**

## 011 33 1 42 25 10 10

## 01 42 25 10 10

**from monday to saturday**
from 10 am to 9 pm

**du lundi au samedi**
de 10 à 21 heures

**B**asically all hotel reservation centres have the same objective – to take care of the tiresome formalities for you. But "Reservethebest" is different in that it does more than just that. It not only helps you to find the hotel that meets your requirements, but also makes sure that you are welcomed right from your first night, as if you were a regular patron, which we know is important to you.

**T**outes les centrales de réservation ont, a priori, le même objectif : vous décharger des formalités ennuyeuses. Mais, et c'est là que notre centrale se distingue, «Reservethebest» vous prouve davantage : elle vous aide non seulement à trouver l'établissement correspondant à vos souhaits-mais aussi, parce que vous y êtes sensibles, elle vous garantit que vous serez accueillis dès votre première nuit

L'ABUS D'ALCOOL EST DANGEREUX POUR LA SANTÉ. A CONSOMMER AVEC MODÉRATION.

## DE L'EXCEPTION LA RÈGLE.

PROLONGER CHAQUE GESTE JUSQU'À CET INSTANT DE PARFAITE HARMONIE OÙ L'EXIGENCE EST ENFIN SATISFAITE... DÉNICHER L'EXCEPTION ET LA POURSUIVRE À NOUVEAU... NE PLUS SAVOIR FAIRE AUTREMENT... DOUTER PARFOIS... CHERCHER PLUS LOIN... PUISER ENCORE DANS DES TRÉSORS DE PATIENCE... AINSI SE VIT, JOUR APRÈS JOUR DEPUIS DEUX SIÈCLES, L'HISTOIRE DE LA MAISON LOUIS ROEDERER.

# LOUIS ROEDERER
CHAMPAGNE

**B**ecause every hotel is different, so is each of your stays. In this guide you will find the best addresses in the Paris hotel trade, ranging from the palatial residences to the hotels with character, not to mention the pick of the capital's prestigious, high status and downright luxurious establishments.

**T**he hotels we reference are selected with very great care. In their category, they represent the best in terms of quality. You can be sure that they are among the best in Paris. You will find no mention here of scores, stars or subjective comments. The hotels that are featured in this guide are selected by a team of professional inspectors and experienced patrons.

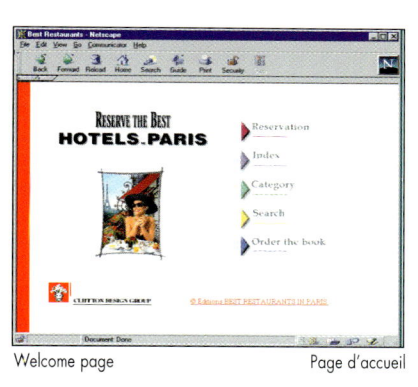

Welcome page

http://www.bestreservation.com

**A**ccording to people in the trade who know, our Reserve the Best Hotels in Paris website **(http://www.reservethebest.com)** is one of the best designed on the market. It gives you three ways of making your choice:

### By hotel category :

Whether you are looking for a palace, a hotel with character or a good value stay, you simply click on the category

comme un habitué dans l'hôtel parisien que vous aurez choisi par notre intermédiaire.

**P**arce que chaque hôtel est différent, chacune de vos expériences le sera aussi. Vous trouverez dans ce guide les meilleures adresses de l'hôtellerie parisienne, du palace à l'hôtel de charme traditionnel ou contemporain en passant par l'hôtel de prestige, de grand standing ou de luxe.

**N**os hôtels sont très minutieusement sélectionnés : ils représentent, chacun dans leur catégorie, les «best» de la qualité. Vous pouvez être assurés qu'ils figurent parmi les meilleurs de Paris. On ne trouvera ici, ni note, ni étoile, ni commentaire subjectif. Car ne peuvent figurer dans ce guide que les établissements sélectionnés par un comité d'inspecteurs professionnels et d'amateurs éclairés.

Page d'accueil

**L**e site internet de Reserve The Best Hotels in Paris **(http://www.reservethebest.com)** est, aux dires des professionnels, l'un des mieux conçus du marché. Il vous offre trois possibilités pour faire votre choix :

### Par catégorie :

Vous recherchez un palace, un hôtel de charme ou un hôtel offrant un bon

LES PARFUMS SALVADOR DALI

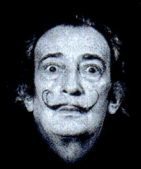

*Salvador Dalí*

# DALIMANIA

you want and go from page to page.

### By hotel name :
If you know the name of the hotel where you would like to stay, you can find it immediately by consulting the A to Z index. They are all there in alphabetical order.

### By special criteria :

If you have a very specific request, our multi-criterion search enables you to find, for example, a hotel in the 8th arrondissement with air-conditioning, for around 900 FF per night. This search engine, lists all the hotels that fit your requirement in seconds.

Every time, the list of hotels that correspond to what you are looking for is displayed. Each hotel shows photos, giving you an idea of its atmosphere and amenities. All the information you need regarding price and

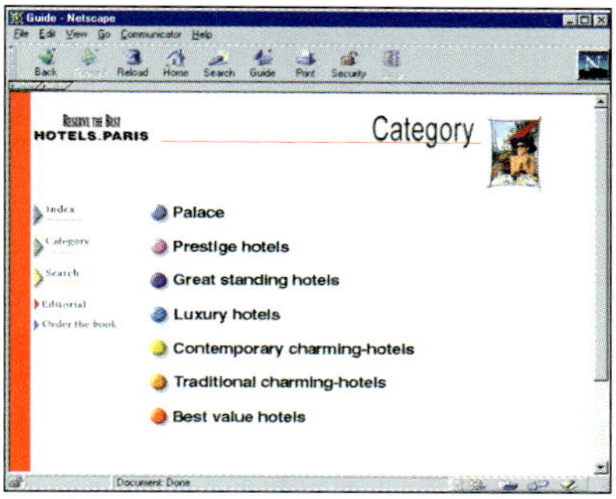

Search by category

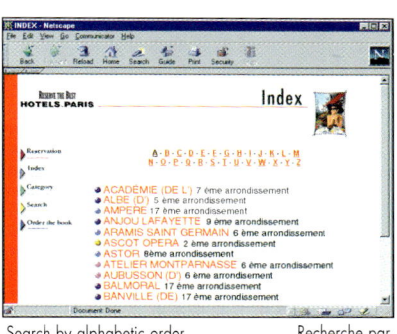

Search by alphabetic order

Search by multi-criteria sorting system

rapport qualité-prix ? Il vous suffit de cliquer sur la catégorie correspondante et de naviguer de page en page.

### Par nom d'hôtel :

Vous connaissez le nom de l'hôtel où vous souhaitez séjourner ? Vous le trouvez immédiatement en consultant l'index puisqu'ils sont tous répertoriés de A à Z.

Recherche par catégorie

### Par critères particuliers :

Vous avez des demandes précises ? La sélection multi-critères vous permet, par exemple, de chercher un hôtel dans le 8è arrondissement avec climatisation, pour environ 900 francs par nuit. Cette recherche vous indique en quelques secondes les hôtels qui correspondent à votre choix.

Recherche par ordre alphabétique

A chaque fois, la liste des hôtels qui correspondent à vos choix va immédiatement s'afficher. Pour chacun d'eux, des photos vous donne-

Recherche multi-critères

rons une idée de son atmosphère et de son confort. Vous obtiendrez égale-

RYKIEL HOMME

services is also there.

You can then make your reservation, either by filling in the form on the screen, or by calling our reservation centre on + 011 33 1 42 25 10 10 (or 01 42 25 10 10 if you are already in France).
**This service is free!**

Your reservation will be immediately confirmed by E-mail or telephone.

Finally, we would very much appreciate it if you could let us know how your stay went. Write to us or send us an E-mail at **bestparis@aol.com.** Your opinions will be carefully considered and will help us improve our service, and of course that of the hotels you visited, to whom we will forward all your remarks.

Enjoy your stay in Paris!

Richard Brault
Publisher

Restaurant's page

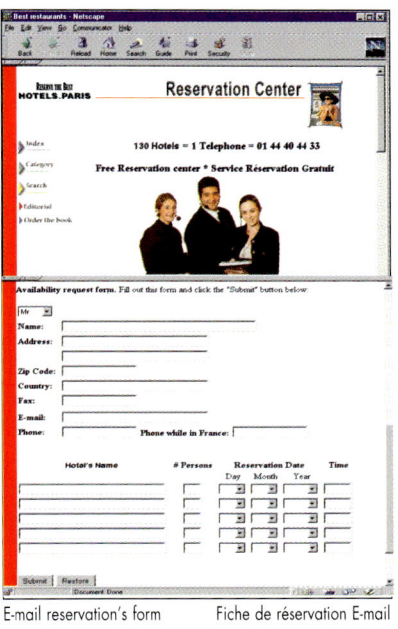

E-mail reservation's form

ment toutes les informations de prix et de services.

Vous aurez alors la possibilité d'effectuer vos réservations, soit en remplissant la fiche qui apparaît à l'écran, soit en appelant notre centrale de réservation au 01 42 25 10 10 **(ce service est gratuit ! )**.

Votre réservation vous sera immédiatement confirmée par e-mail ou par téléphone.

Nous vous invitons enfin à nous faire part de vos expériences. Ecrivez-nous ou envoyez vos e-mails à **bestparis@aol.com**.

Vos avis seront attentivement pris en compte pour améliorer notre service. De même, nous ne manquerons pas de transmettre vos remarques.

Bon séjour à Paris !

Richard Brault
Éditeur.

Page de restaurant

Fiche de réservation E-mail

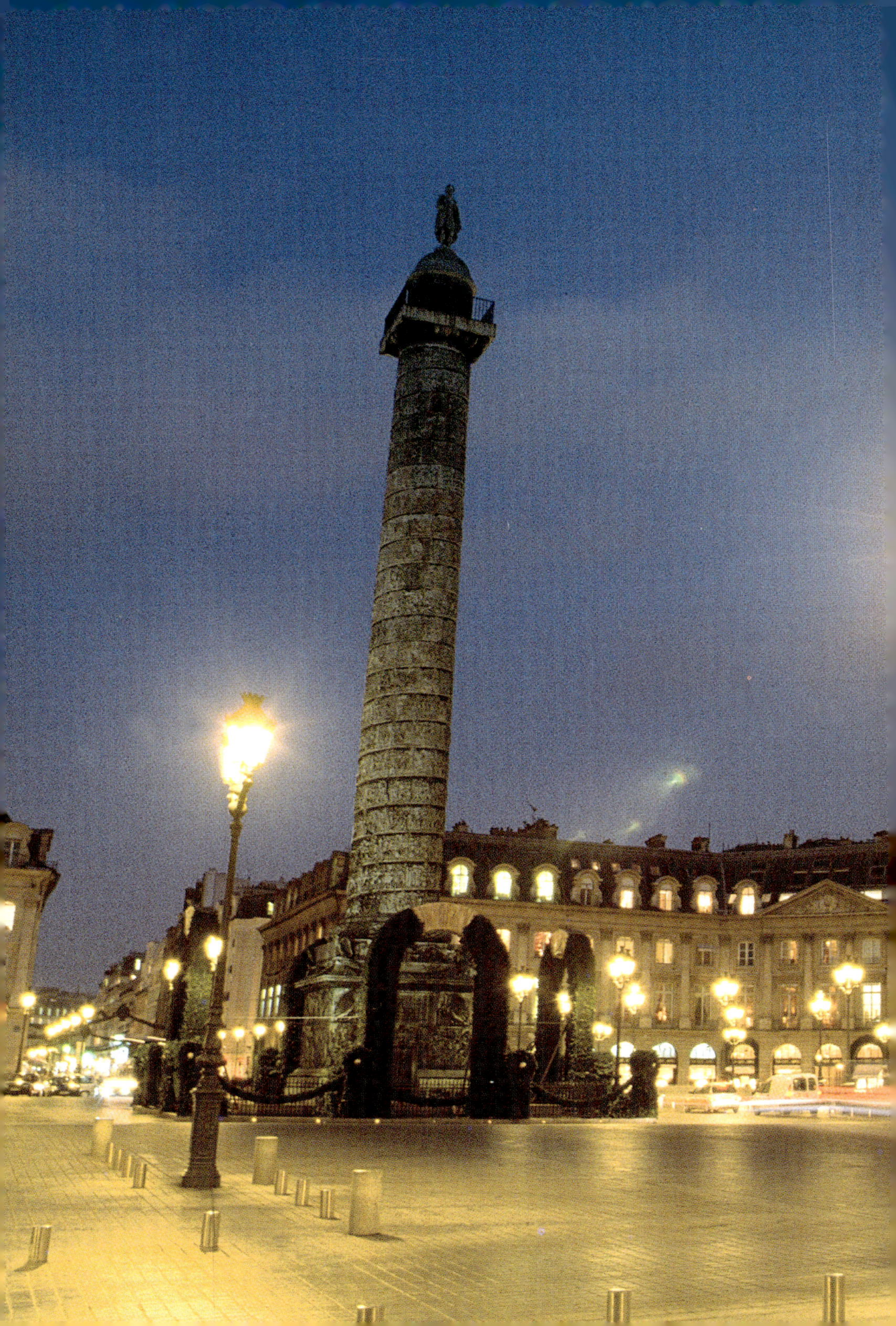

# Palaces

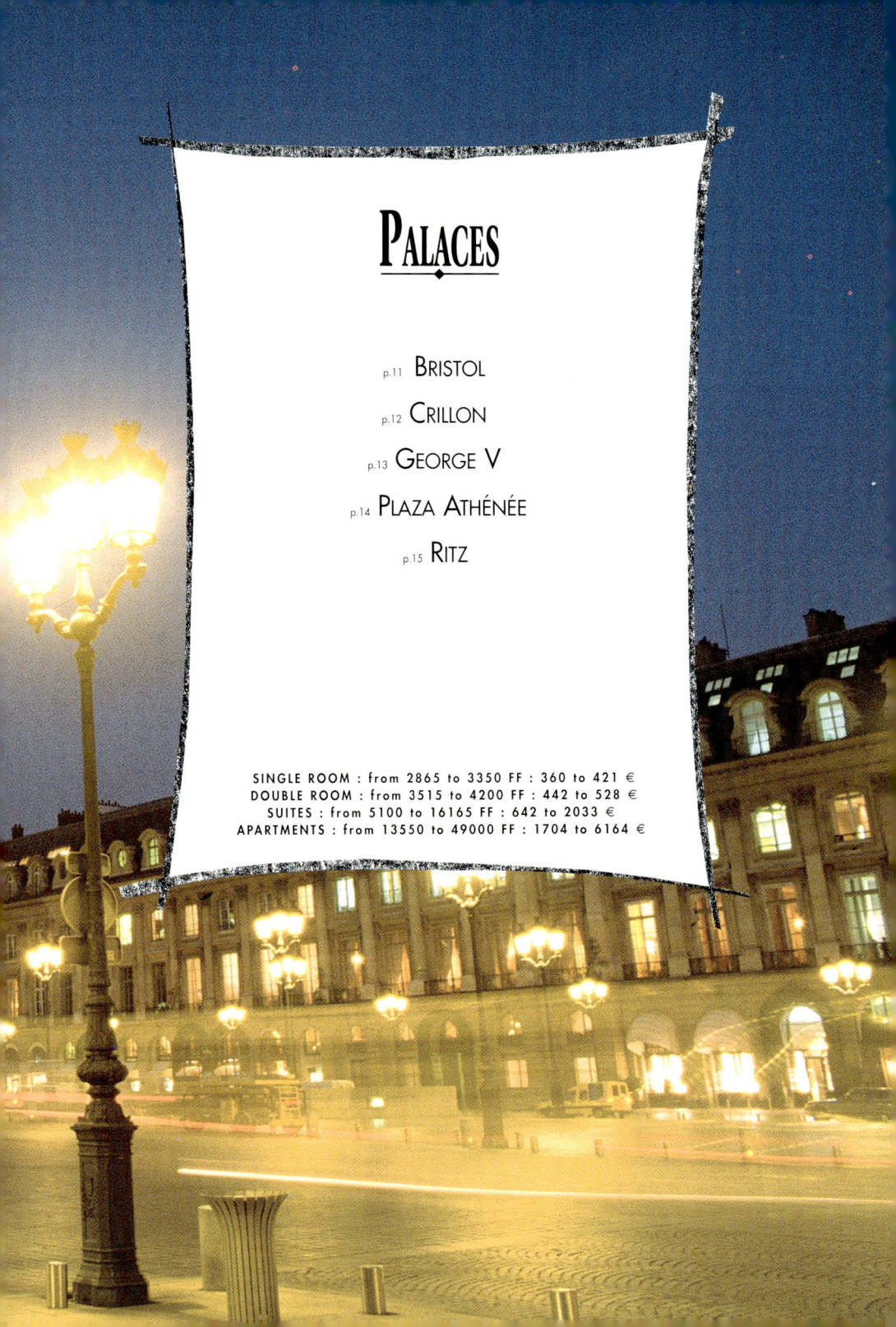

p.11 Bristol

p.12 Crillon

p.13 George V

p.14 Plaza Athénée

p.15 Ritz

SINGLE ROOM : from 2865 to 3350 FF : 360 to 421 €
DOUBLE ROOM : from 3515 to 4200 FF : 442 to 528 €
SUITES : from 5100 to 16165 FF : 642 to 2033 €
APARTMENTS : from 13550 to 49000 FF : 1704 to 6164 €

# CHAUMET SPIRIT*
## LONDON 10:08 p.m.

NOUVEL ELDORADO

*L'esprit de Chaumet

Collection Khésis

**CHAUMET**
PARIS

12, PLACE VENDOME, PARIS - 56, RUE FRANÇOIS 1ER, PARIS - PRINTEMPS HAUSSMANN, PARIS
49, SLOANE STREET, LONDRES - 3, AVENUE DES BEAUX-ARTS, MONTE CARLO

# HÔTEL LE BRISTOL PARIS

112, RUE DU FAUBOURG SAINT-HONORÉ
75008 - PARIS
*métro : Miromesnil*
TÉL : 01 53 43 43 00 • FAX : 01 53 43 43 01
http://www.hotel-bristol.com - email : resa@hotel-bristol.com
*Amex, Visa, Master Card, Diner's, JCB*

This is one of the great luxury hotels. The entrance hall and its Gobelins tapestries, monumental gilded wrought iron staircase, the luxuriant classical French garden in which tables are laid in fine weather, the magnificent dining room with its French regency panelling used in winter, the rooms with their fine furniture, private terraces and bathrooms in Carrera marble, the indoor swimming pool, sauna, fitness centre, lobby bar, function rooms equipped with computers and fax, with bilingual staff, all point to this being one of the top luxury hotels in Paris.

SINGLE ROOM : 2800 to 3150 FF : 426,86 to 481,21 €
DOUBLE ROOM : 3400 to 4200 FF : 518,33 to 640,29 €

SUITE : 4800 to 8200 FF : 731,76 to 1250,08 €
APARTMENT : 8200 FF upon request : 1250,08 €
BREAKFAST : 185 to 270 FF : 28,20 to 41,16 €

Ce palace est d'un luxe rare. Le hall orné de ses tapisseries des Gobelins, l'escalier monumental en fer forgé peint à la feuille d'or, le luxuriant jardin à la française permettant de dresser les tables aux beaux jours, la magnifique salle à manger aux lambris Régence pour l'hiver, les chambres au mobilier raffiné, les terrasses privées, les salles de bain en marbre de Carrera, la piscine intérieure, le sauna, le centre de culture physique, le lobby-bar, les salles de conférence équipées d'ordinateurs et de télécopieurs avec personnel bilingue, tout ici indique que vous êtes dans un des tout premiers palaces de Paris.

RESERVATION CENTER ☎ 01 42 25 10 10

# HÔTEL DE CRILLON

10, place de la Concorde
75008 - Paris
*métro : Concorde*
TÉL : 01 44 71 15 00 • FAX : 01 44 71 15 02
Amex, Visa, Master Card, Diner's,Jcb
http://www.crillon.com- email : reservations@crillon.com

The last of the great French palatial residences is also one of the most beautiful hotels in the world. On the legendary Place de la Concorde, opening onto the Champs Elysées. The magnificent marble foyer, plush rooms equipped with all modern conveniences, royal suites with magnificent views over the city, panelled walls, Bohemian crystal chandeliers, gilded porcelain, Flemish tapestries and a host of other details contribute to the spirit of this unique place. The service in "Les Ambassadeurs" restaurant and the "Obélisque" grill add to the joy of a stay here.

SINGLE ROOM : 2950 to 3400 FF : 449,72 to 518,33 €
DOUBLE ROOM : 3800 to 4400 FF : 579,31 to 670,78 €
JUNIOR SUITE : 5600 to 6300 FF : 853,71 to 960,43 €
SUPERIOR SUITE : 7400 to 8400 FF : 1128,12 to 1280,57 €
APARTMENT : 9400 FF : 1433,02 €
PRESIDENTIAL SUITE : 25000 to 31000 FF : 3811,23 to 4725,92 €
CONCORDE SUITE : 26000 to 38000 FF : 3963,67 to 5793,06 €
BREAKFAST : 185 to 275 FF : 28,20 to 41,92 €

Le dernier grand palace français est aussi l'un des plus beaux hôtels du monde. Sur la mythique place de la Concorde, s'ouvrant sur les Champs-Elysées. Le magnifique hall en marbre, les chambres douillettes dotées de tout le confort moderne, les suites qui offrent une vue magnifique sur la ville et qui sont royales, les boiseries, les lustres en cristal de Bohême, les porcelaines à la feuille d'or, les tapisseries des Flandres et mille autres détails participent à l'âme de cet endroit unique. Le service du restaurant "Les Ambassadeurs" et au grill à l'enseigne de "L'Obélisque" ajoutent au bonheur d'être ici.

RESERVATION CENTER  01 42 25 10 10

8°

# Four Seasons Hotel
## George V

31, avenue George V
75008 - Paris
métro : George V
TÉL : 01 49 52 70 00 • FAX : 01 49 52 70 10
Amex, Visa, Master Card, Diner's, Jcb
http://www.fourseasons.com

Inaugurated in 1928, this magical hotel now enjoys new youth thanks to backing from the leading world chain of luxury hotels. It has been spectacularly renovated by the interior designer Pierre-Yves Rochon, and today its rooms and suites offer the most modern amenities. The 750-square-metre spa, including a fitness centre and swimming pool, is directly accessible via the lift from the rooms, and contributes to the very private atmosphere here, which is fervently kept up. A very exclusive hotel in Paris.

SINGLE ROOM : 3017,40 to 4066,93 FF : 460 to 620 €
DOUBLE ROOM : 3214,90 to 4263,72 FF : 490 to 650 €
EXECUTIVE SUITE : 5575,63 FF : 850 €
1 BEDROOM SUITE : 7871,48 to 9839,36 FF : 1200 to 1500 €
2 BEDROOM SUITE : 16398,71 to 19678,71 FF : 2500 to 3000 €

HONEYMOON SUITE : 16398,71 FF : 2500 €
PRESIDENTIAL SUITE : 42637,20 FF : 6500 €
ROYAL SUITE : 45916,99 FF : 7000 €
BREAKFAST : 183,60 to 249,20 FF : 28 to 38 €

Inauguré en mai 1928, cet hôtel magique vit désormais une seconde jeunesse sous la houlette de la première chaîne mondiale d'hôtellerie de luxe. Rénové de façon spectaculaire par l'architecte Pierre-Yves Rochon, les chambres et suites offrent des équipements des plus modernes. Le spa, son centre de fitness et sa piscine, avec accès direct par ascenseur depuis les chambres et qui s'étendent sur 750 m², contribuent à l'atmosphère intimiste ici entretenue avec ferveur. Un hôtel qui fait l'événement à Paris.

13  Reservation center  01 42 25 10 10

# HÔTEL PLAZA ATHÉNÉE

25, avenue Montaigne
75008 - Paris
*métro : Alma Marceau*
TÉL : 01 53 67 66 65 • FAX : 01 53 67 66 66
*Amex, Visa, Master Card, Diner's, JCB*
email : email@hotel-plaza-athenee.fr

On the prestigious avenue Montaigne, the Plaza Athénée symbolizes good living, luxury and Parisian sophistication. The 188 rooms and suites are furnished in the greatest classical 18th century tradition, except for the top two floors which successfully experiment with an Art Deco style. The Plaza Athénée is of course very famous for its courtyard garden, the Gobelins gallery and the Bar du Plaza Athénée, where the Paris smart set regularly meet. Connoisseurs have long recognized the "Régence" gastronomic restaurant as one of the finest tables in Paris, while at the "Relais Plaza", fashion celebrities and businessmen and -women enjoy traditional French cuisine. This figurehead of Parisian palatial residences was entirely renovated in 1999 and cleverly combines resolutely modern amenities with its legendary style.

SINGLE ROOM : 3000 FF : 457,35 €
SUPERIOR DOUBLE ROOM : 3700 FF : 564,06 €
JUNIOR SUITE : 5800 FF : 884,20 €

SUITE : 7800 à 25000 FF : 1189,10 to 3811,23 €
BREAKFAST : 160 à 250 FF : 24,39 to 38,11 €

Situé sur la prestigieuse avenue Montaigne, le Plaza Athénée symbolise l'art de vivre, le luxe et le raffinement parisien. Les 188 chambres et suites, dans la plus grande tradition classique du XVIII°, osent avec bonheur le style Art-Déco sur les deux derniers étages. Le Plaza Athénée, c'est bien sûr la célébrissime Cour Jardin, la Galerie des Gobelins, ou le Bar du Plaza Athénée, rendez-vous incontournables du Tout-Paris. Les gourmets ont depuis longtemps élu "Le Régence", le restaurant gastronomique, comme une des meilleures tables de la capitale, quand le "Relais Plaza" rallie personnalités de la mode, femmes et hommes d'affaires autour d'une cuisine traditionnelle. Entièrement rénové en 1999, le plus emblématique des palaces parisiens a su se doter d'un confort résolument moderne tout en gardant son style légendaire.

RESERVATION CENTER  01 42 25 10 10

## HÔTEL RITZ

15, place Vendôme
75001 - Paris
*métro : Opéra*
TÉL : 01 43 16 30 30 • FAX : 01 43 16 36 68
*Amex, Visa, Master Card, Diner's, Jcb*
http://www.ritzparis.com - email : resa@ritzparis.com

*École de cuisine - Club de nuit
Cuisines ouvertes 24h/24*

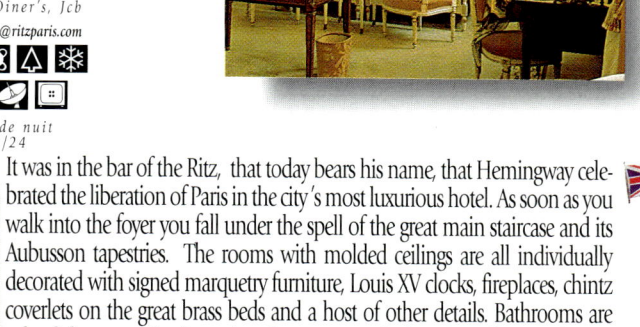

It was in the bar of the Ritz, that today bears his name, that Hemingway celebrated the liberation of Paris in the city's most luxurious hotel. As soon as you walk into the foyer you fall under the spell of the great main staircase and its Aubusson tapestries. The rooms with molded ceilings are all individually decorated with signed marquetry furniture, Louis XV clocks, fireplaces, chintz coverlets on the great brass beds and a host of other details. Bathrooms are splendid, some with a jacuzzi, and even a sauna in the suites. The Ritz also has a 16 meter swimming pool, a hairdressing salon, the prestigious Espadon restaurant and a staff of 500 to ensure your well-being.

SINGLE ROOM : 3000 to 3800 FF : 457,35 to 579,31 €
DOUBLE ROOM : 3600 to 4500 FF : 548,82 to 686,02 €

SUITE : 5000 to 15700 FF : 762,25 to 2393,45 €
PRESTIGE SUITE : 19000 to 49000 FF : 2896,53 to 7470 €
BREAKFAST : 200 to 350 FF : 30,49 to 53,36 €

C'est au bar du Ritz qui désormais porte son nom, que Hemingway fêta la Libération de Paris dans le plus luxueux palace de la capitale. Dès le hall franchi, vous tombez sous le charme du grand escalier d'honneur et de ses tapisseries d'Aubusson. Les chambres aux plafonds moulurés sont toutes décorées différemment : meubles de marqueterie signés, horloges Louis XV, cheminées, courte-pointes de chintz sur les grands lits de cuivre et mille autres détails de raffinement. Les salles de bains sont splendides, certaines avec jacuzzi et même sauna dans les suites. Le Ritz dispose aussi d'une piscine de 16 mètres de long, d'un salon de coiffure, d'un restaurant de prestige, L'Espadon, et de 500 personnes pour assurer votre bien-être.

RESERVATION CENTER ✆ 01 42 25 10 10

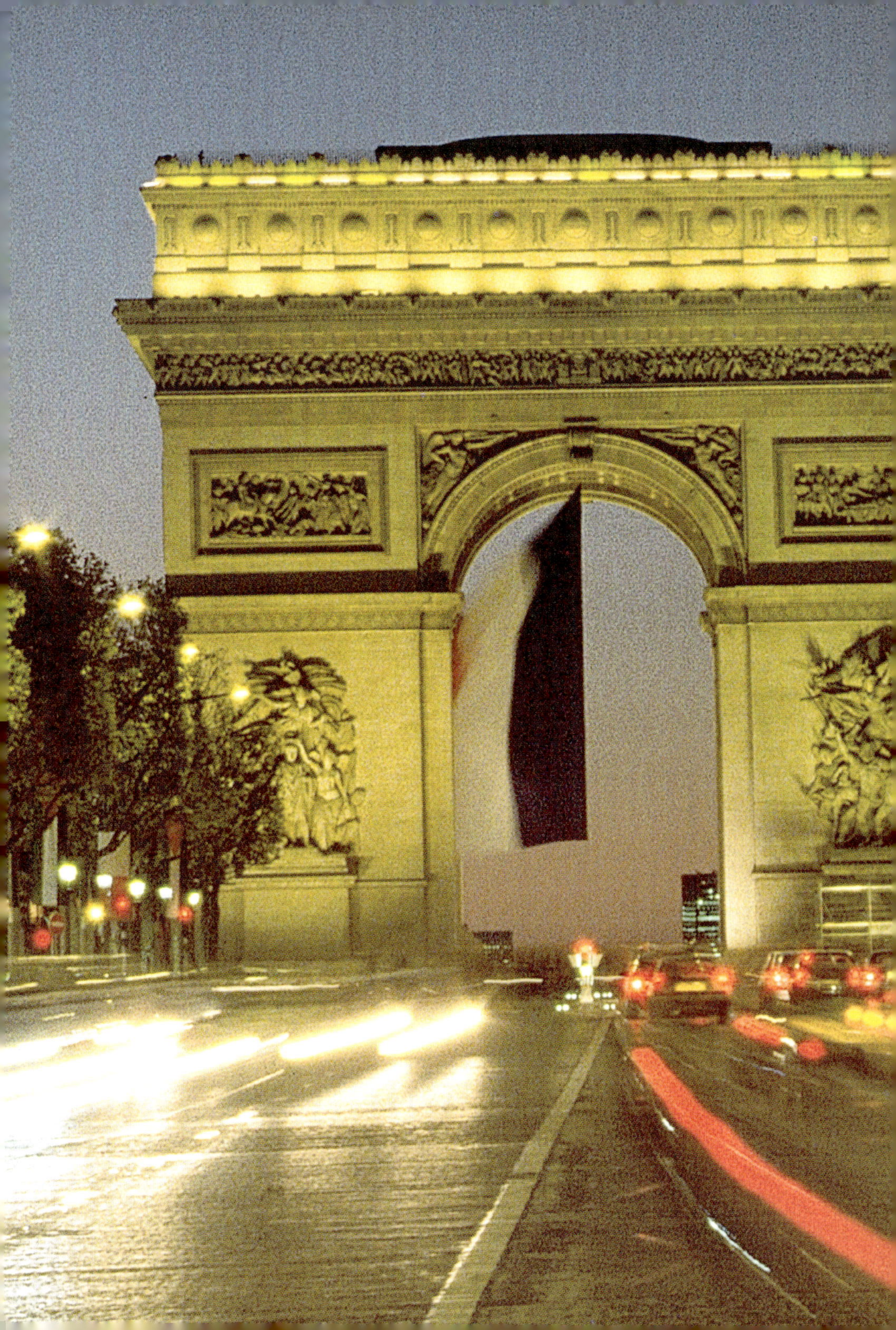

## Prestige hotels

p.19 Costes — Pavillon de la Reine p.31
p.20 d'Aubusson — Relais Christine p.32
p.21 Grand Hôtel — Royal Monceau p.33
p.22 Hyatt Regency — Saint James Paris p.34
p.23 Inter-Continental Paris — San Régis p.35
p.24 K — Sofitel Le Faubourg p.36
p.25 Lancaster — Square p.37
p.26 Lutetia — Vendôme p.38
p.27 Montalembert — Vernet p.39
p.28 Parc — Westminster p.40

SINGLE ROOM : from 1955 to 2735 FF : 246 to 344 €
DOUBLE ROOM : from 2225 to 3085 FF : 280 to 388 €
SUITES : from 3915 to 9900 FF : 492 to 1245 €
APARTMENTS : from 6125 to 34700 FF : 770 to 4 365 €

OROLOGI **FENDI**

Liste des points de vente
Tél : 01 42 72 53 65

## HÔTEL COSTES

239, rue Saint Honoré
75001 - Paris
*métro : Concorde*
tél : 01 42 44 50 00 • fax : 01 42 44 50 01
*Amex, Visa, Master Card, Diner's, JCB*

With the Tuileries Gardens close by, the Opéra-Garnier almost next door and the Place Vendôme just a stone's throw away, here you will find all the charm and style of an Italian luxury hotel. Jean-Louis Costes, the owner, dreamt of creating an exceptional hotel, a blend of the intimate and the palazzo. Interior decorator Jacques Garcia has daringly combined styles, superimposed periods and married the classic with the extravagant. Every bedroom is unique, with period furniture put to new uses, the finest fabrics, all modern conveniences and wonderfully inviting bathrooms.

SINGLE ROOM : 2000 FF : 304,90 €
DOUBLE ROOM : 2500 to 3500 FF : 381,12 to 533,57 €

SUITE : 6000 to 6500FF : 914,69 to 990,92€
APARTMENT : 12500 FF : 1905,61 €
BREAKFAST : 170 FF : 25,92 €

Avec le Jardin des Tuileries à deux pas, l'Opéra Garnier comme voisin et la toute proche place Vendôme comme écrin, vous retrouvez ici le charme et le luxe d'un palace à l'italienne. Jean-Louis Costes, son propriétaire, a voulu un lieu confidentiel, un peu hybride, entre hôtel intimiste et palace. Le décorateur Jacques Garcia a su bousculer les styles, superposer les époques et marier le classique à l'extravagance. Toutes les chambres sont uniques, avec mobilier ancien détourné de son utilisation, tissu des meilleures maisons, confort contemporain et salles de bain intimistes.

19   RESERVATION CENTER   01 42 25 10 10

# HÔTEL D'AUBUSSON

33, rue Dauphine
75006 - Paris
métro : Odéon
TÉL : 01 43 29 43 43 • FAX : 01 43 29 12 62
Amex, Visa, Master Card
http://www.hoteldaubusson.com

A 17th century residence that skillfully unites the past and the present. Totally renovated to offer the best in contemporary comfort, it has nonetheless retained its historic decor: paving stones brought to a shine by the passing years, original beams, Versailles style parquet floors, interior gardens and a freestone fountain, period furniture, a monumental Burgundy stone fireplace and, noblesse oblige, authentic Aubusson tapestries. The rooms are furnished with four-poster beds, double windows and double glazing, air conditioning and satellite television. Private bar.

SINGLE ROOM : 1200 to 1450 FF : 182,94 to 221 €
DOUBLE ROOM : 1200 to 2200 FF : 221 to 335 €
SUITE : 2200 to 3650 FF : 335,39 to 556 €
BREAKFAST : 110 FF : 16,7 €
GARAGE : 110 FF : 16,7 €

Un hôtel particulier du XVIIème siècle qui conjugue avec art le passé et le présent. Entièrement rénové pour vous offrir le meilleur du confort contemporain, il jouit aussi d'un décor historique : dalles de pierre lustrées par le temps, poutraisons d'origine, parquets Versailles, jardins intérieurs et fontaine en pierre taillée, meubles de style et d'époque, cheminée monumentale en pierre de Bourgogne et, noblesse oblige, véritables tapisseries d'Aubusson. Les chambres sont équipées de lits à baldaquin. Double fenêtre et double-vitrage, climatisation, télévision satellite, bar privé. Room service 24h/24. Bar : Café Laurent avec petite restauration.

RESERVATION CENTER ✆ 01 42 25 10 10

## Le Grand Hôtel
### Inter-Continental Paris

2, rue Scribe
75009 - Paris
métro : Opéra
TÉL : 01 40 07 32 32 • FAX : 01 42 66 12 51
Amex, Visa, Master Card, Diner's, Jcb
http://www.paris.interconti.com - email : legrand@interconti.com

This well-appointed hotel is a wonderful haven of peace opposite the Opéra Garnier, a few steps from the large department stores and the Place Vendôme. Rooms and suites have all modern conveniences: air-conditioning, safe, soundproofing and cable TV. The luxurious "Opéra" restaurant, "Café de la Paix" brasserie, and tables laid in the magnificent, unique conservatory provide a wide range of gastronomy and the finest service at the very heart of Paris.

```
SINGLE ROOM : 1450 to 4000 FF : 221,25 to 609,8 €
DOUBLE ROOM : 1450 to 4000 FF : 221,25 to 609,8 €

SUITE : 5000 to 18800 FF : 762,25 to 2 866,04 €
BREAKFAST : 165 to 195 FF : 25,15 to 29,73 €
```

Face à l'Opéra Garnier, à deux pas des Grands Magasins et de la place Vendôme, un hôtel de grand standing qui est un merveilleux havre de paix. Les appartements et les chambres bénéficient de tout le confort contemporain : air conditionné, coffre-fort, insonorisation, TV câblée. Le luxueux restaurant "Opéra", la brasserie "Café de la Paix" et les tables dressées sous la magnifique et unique verrière vous offrent, au cœur de la ville, un choix gastronomique varié et le meilleur des services.

RESERVATION CENTER ✆ 01 42 25 10 10

# HYATT REGENCY PARIS MADELEINE

24, BOULEVARD MALESHERBES
75008 - PARIS
*métro : Madeleine ou Saint Augustin*
TÉL : 01 55 27 12 54 • FAX : 01 55 27 12 35
*Amex, Visa, Master Card, Diner's*
http://paris.hyatt.com - email : madeleine.concierge@paris.hyatt.com

This new generation luxury hotel provides a brand of comfort that is unique in Paris. Just minutes from the Madeleine, at the heart of the business district, it caters to a demanding clientele. The 86 rooms, that combine elegance with modern amenities, are designed both for rest and work, and fitted with the latest amenities. The modern decor highlights fine materials (chrome, cherry and maple woods) and includes a magnificent 1900's conservatory.

SINGLE ROOM : 2900 FF : 442,10 €
DELUXE ROOM : 3300 FF : 503,08 €

JUNIOR SUITE : 4100 FF : 625,04 €
EXECUTIVE SUITE : 6100 FF : 929,94 €
PRESIDENTIAL SUITE : 12000 FF : 1829,39 €
BREAKFAST : 140 FF : 21,34 €

Ce palace de la nouvelle génération offre un confort hôtelier unique à Paris. A deux pas de la place de la Madeleine, au cœur du quartier des affaires, il va au devant des désirs d'une clientèle exigeante. Les 86 chambres alliant élégance et modernité des équipements, ont été conçues aussi bien pour la détente que pour le travail. La décoration intérieure, contemporaine, met en scène des matériaux nobles (chrome, merisier, sycomore) et une splendide verrière du début du siècle.

RESERVATION CENTER ✆ 01 42 25 10 10

# HÔTEL INTER-CONTINENTAL PARIS

3, RUE DE CASTIGLIONE
75001 - PARIS
*métro : Tuileries*
TÉL : 01 44 77 11 11 • FAX : 01 44 77 14 60
*Amex, Visa, Master Card, Diner's, Jcb*
http://www.paris.interconti.com - email : paris@interconti.com

In this luxury hotel with its illustrious past, faithful to the best Paris hotel traditions, you are exceptionally situated at the heart of Paris between the Louvre and the Champs-Elysées, with the places Vendôme and Concorde for neighbours. All rooms and suites have been decorated in keeping with the original architecture, and are naturally equipped with all modern conveniences. The sumptuous reception rooms are some of the finest in Paris. From spring to autumn the indoor garden houses the "La Terrasse Fleurie" restaurant.

SINGLE ROOM : 1750 to 3800 FF : 266,79 to 579,31 €
DOUBLE ROOM : 1450 to 3 800 FF : 221,05 to 579,31 €

SUITE : 4500 to 20000 FF : 686,02 to 3048,85 €
BREAKFAST : 115 to 165 FF : 17,53 to 25,15 €

Au cœur de la capitale, un palace au passé illustre, gardien des meilleures traditions de l'hôtellerie parisienne, offrant une situation exceptionnelle, entre Musée du Louvre et Champs-Elysées, avoisinant les places Vendôme et Concorde. Les chambres et suites sont toutes décorées dans le respect de l'architecture ancienne de l'ensemble et sont bien sûr dotées de tout le confort contemporain. Les fastueux salons de réceptions sont parmi les plus beaux de Paris. Le jardin intérieur abrite, dès les beaux jours, le restaurant "La Terrasse Fleurie".

RESERVATION CENTER  01 42 25 10 10

## HÔTEL K

81, avenue Kléber
75016 - Paris
*métro : Trocadéro*
TÉL : 01 44 05 75 75 • FAX : 01 44 05 74 74
*Amex, Visa, Master Card, Diner's, Jcb*
http://www.bestreservation.com - email : bestparis@aol.com

In the heart of the business quarter, this palace which is true to its name offers a different concept in traditional hotel services. It is a place of luxury and prestige located between Place de l'Etoile and the Trocadéro. In a setting created by Ricardo Bofill with a refined architecture made to stand the test of time and spaces and details designed for a hotel service of very high quality, your stay is characterised by the greatest serenity. The colours and lighting effects, bathrooms designed as an extension to the room equipped with all the modern conveniences, jet pool, jacuzzi, sauna and gastronomic restaurant ("Le Carré Kléber"), make this a truly 21st century hotel.

SINGLE ROOM : 1750 FF : 266,79 €
DOUBLE ROOM : 1750 to 2250 FF : 266,79 to 343,01 €
SUITE : 2750 to 3250 FF : 419,23 to 495,66 €
BREAKFAST : 100 FF : 4,24 €

Au cœur du quartier des affaires, ce palace qui justifie son nom offre une conception différente de l'hôtellerie classique. C'est un lieu de luxe et de prestige situé entre la place de l'Etoile et le Trocadéro. Dans un environnement créé par Ricardo Bofill, une architecture épurée qui devrait passer le temps, des détails et des volumes qui permettent un accueil de haut niveau, vous y vivrez dans la plus grande sérénité. Entre chromatismes et jeux de lumières, salles de bain conçue comme le prolongement de la chambre équipée de tout le confort contemporain, piscine à remous, jacuzzi, sauna et restaurant gastronomique "Le Carré Kléber", voilà un hôtel du XXIème siècle..

RESERVATION CENTER ✆ 01 42 25 10 10

# Hôtel Lancaster

7, rue de Berri - Champs-Élysées
75008 - Paris
*métro : George V*
Tél. : 01 40 76 40 76 • Fax : 01 40 76 40 00
*Amex, Visa, Master Card, Diner's*
http://www.hotel-lancaster.fr - email : reservations@hotel-lancaster.fr

Right next to the Champs-Elysées, the Lancaster remains one of the most private and exclusive luxury hotels in Paris. Since its complete refurbishment in 1996 it has retained the atmosphere of a 19th century town house where discretion and privacy combine with luxury and originality. Its unique hospitality and the beauty of its decor are reserved for resident guests. Few are those - Marlene Dietrich was one – who can enjoy its luxurious antiques and works of art, Baccarat chandeliers and old masters, and the peace of its pastoral indoor garden patio.

SINGLE ROOM : 1968 FF : 300 €
DOUBLE ROOM : 2493 to 3017 FF : 380 to 460 €

SUITE : 3280 to 10495 FF : 500 to 1600 €
BREAKFAST : 132 FF : 20 €

A fleur de Champs-Elysées, le Lancaster demeure un des palaces les plus privés et les plus exclusifs de Paris. Depuis sa rénovation complète en 1996, il a gardé le caractère d'un hôtel particulier du siècle dernier où discrétion et intimité riment avec luxe et singularité. En effet, il réserve son accueil unique et la beauté du décor à ses seuls résidents. Peu sont ceux - Marlène Dietrich en fût - qui peuvent profiter du luxe de ses antiquités et de ses oeuvres d'art, de ses lustres de Baccarat et de ses toiles de maîtres, de la tranquillité de son bucolique jardin-patio intérieur.

Reservation center  01 42 25 10 10

# Hôtel Lutetia

45, boulevard Raspail
75006 - Paris
*métro* : Sèvres-Babylone
TÉL : 01 49 54 46 46 • FAX : 01 49 54 46 00
*Amex, Visa, Master Card, Diner's*
http://www.lutetia-paris.com - email : lutetia-paris@lutetia-paris.com

The luxury hotel of the Left Bank par excellence. A jewel of the Paris hotel industry which has had its original Art Deco style restored. The turn of the century facade, 1930's style rooms and suites, marquetry furniture, marble bathrooms, the "Lutèce" piano bar, the brand new "Ernest Bar" cigar bar and the jolly "Brasserie Lutétia" all form a complex in good taste. Local publishers, foreign gourmets, travellers in quest of real comfort all take part in the new lifestyle of this incomparable residence.

SINGLE ROOM : 1900 to 2500 FF : 289,65 to 381,12 €
DOUBLE ROOM : 1900 to 2500 FF : 289,65 to 381,12 €
SUITE : 2900 to 4500 FF : 442,10 à 686,02 €
APARTMENT : 6000 to 15000 FF : 914,69 to 2286,73 €
BREAKFAST : 75 à 145 FF : 11,43 à 22,11 €

Le Palace de la Rive Gauche par excellence. Un fleuron de l'hôtellerie parisienne de luxe qui a retrouvé depuis des années son style Art-Déco d'origine. La façade début de siècle, les chambres et suites style années 30, le mobilier en marqueterie, les salles de bains en marbre, le piano-bar "Lutèce", le tout nouveau bar à cigares "Ernest Bar", le restaurant gastronomique "Paris", la ludique "Brasserie Lutétia", tout est harmonie. Les éditeurs voisins, les étrangers gourmands, les voyageurs qui aiment le vrai confort, tous participent à la nouvelle vie de cette incomparable demeure.

RESERVATION CENTER ✆ 01 42 25 10 10

## Hôtel Montalembert

3, RUE MONTALEMBERT
75007 - PARIS
*métro : Rue du Bac*
TÉL : 01 45 49 68 68 • FAX : 01 45 49 69 49
*Amex, Visa, Master Card, Diner's*
http://www.montalembert.Com • email welcome@hotel-montalember.fr

On the Left Bank, at the heart of the Paris museum area - the Louvre and Orsay museums are only a few steps away - this hotel, full of charm and character, offers rooms in period, Louis Philippe and modern styles, with maple furniture and beds with fully fitted heads. From reception in the marble foyer you enter a friendly, elegant and refined atmosphere. The bar, the lounge / library with its fireplace, the air-conditioned function room which is available for a day's work or for a private lunch or dinner, and the restaurant with its outside tables on fine days, all draw people from the antiques, publishing and fashion worlds.

DOUBLE ROOM : 1800 to 2400 FF : 380 to 500 €
SUITE : 2950 to 4400 FF : 449,72 to 670,78 €

BREAKFAST : 100 FF : 15,24 €

Sur la Rive Gauche, au cœur du Paris des musées - le Louvre et Orsay sont à deux pas -, cet hôtel de charme et de caractère offre des chambres et des suites de style traditionnel, façon Louis-Philippe, ou contemporain, avec du mobilier en sycomore, des lits top-set. Dès l'accueil dans le hall de marbre, vous entrez dans une ambiance conviviale, élégante et raffinée. Le bar, le salon-bibliothèque avec sa cheminée, la salle de réunion climatisée pour une journée de travail, un déjeuner ou un dîner privés, et le restaurant avec sa terrasse pour les beaux jours, tout cela attire le monde des antiquaires, de l'édition et de la mode.

RESERVATION CENTER  01 42 25 10 10

# Hôtel Le Parc

55-57, avenue Raymond Poincaré
75116 - Paris
*métro : Victor Hugo*
TÉL : 01 44 05 66 66 • FAX : 01 44 05 66 00
*Amex, Visa, Master Card, Diner's, Jcb*
email : leparc@compuserve.com

Le Parc, situated at the heart of the 16th arrondissement between the Arc de Triomphe, the Eiffel Tower and the Trocadéro, is built around a wonderful inner paved courtyard filled with flowers and greenery. The rooms which surround and open onto it were deigned by the famous English decorator Nina Campbell, who has managed to faithfully recreate the warm comfortable atmosphere of an English manor house, with flowery printed fabrics and bright colours. The honey coloured wood bar and fitness centre are additional conveniences. But one of the Parc's main assets is its restaurant run by Alain Ducasse which has been awarded three Michelin stars.

SINGLE ROOM : 2164,65 FF : 330 €
DOUBLE ROOM : 2492,64 FF : 380 €

SUITE : 4001,34 FF : 610 €
BREAKFAST : 144,31 FF : 22 €

Situé au cœur du 16e arrondissement, entre Arc-de-Triomphe, Tour Eiffel et Trocadéro, Le Parc abrite une merveilleuse cour intérieure pavée, fleurie et verdoyante, autour de laquelle s'ouvrent les chambres. Ces dernières ont été conçues par la célèbre décoratrice anglaise Nina Campbell, qui a su recréer, dans les moindres détails, l'ambiance chaleureuse et cosy des manoirs anglais, avec des étoffes fleuries et des tissus chatoyants. Le bar de bois blond et le centre de remise en forme s'ajoutent à votre confort. Mais un des principaux atouts du Parc est sa restauration avec la table de Alain Ducasse. Trois étoiles au Michelin.

RESERVATION CENTER  ✆ 01 42 25 10 10

CHAUMET
PARFUMS

CARLTON. 58. LA CROISETTE .BP 155 - 06406 CANNES CEDEX. TÉL.: 04 93 68 91 68 . FAX : 04 93 38 2

# CARLTON
INTER · CONTINENTAL

*Le* jour où il y aura deux Croisette à Cannes,
il y aura peut-être deux Carlton.

*Façade Est*    *Façade Nord*    *Façade Ouest*    *Façade Sud*

COMME CERTAINS MONUMENTS, CERTAINS HÔTELS SONT UNIQUES AU MON

## Hôtel Le Pavillon de la Reine

28, place des Vosges
75003 - Paris
*métro : Bastille-Saint-Paul*
Tél : 01 40 29 19 19 • Fax : 01 40 29 19 20
*Amex, Visa, Master Card, Diner's, Jcb*
http://www.pavillon-de-la-reine.com • email : pavillon@club-internet.fr

This charming hotel in the heart of the Marais, on the romantic Place des Vosges and near the Carnavalet and Picasso museums, successfully recreates the romance of the 17th century. The atmosphere is one of a family house, with Louis XIII style furniture, four poster beds, a cosy bar, breakfast served in a vaulted hall, timbered ceilings, wood panelled lounge with a monumental fireplace, colourful wall fabrics, country furniture, and quiet rooms looking onto flower filled courtyards with all modern conveniences and customised service.

SINGLE ROOM : 1750 to 1900 FF : 266,78 to 289,65 €
DOUBLE ROOM : 1950 to 2150 FF : 297,27 to 327,76 €
SUITE : 2600 to 3300 FF : 396,36 to 503,08 €
APARTMENT : 3550 to 3950 FF : 541,19 to 602,17 €
BREAKFAST : 115 to 145 FF : 17,53 to 22,10 €

Au cœur du Marais, sur la romantique place des Vosges, près des musées Carnavalet et Picasso, cet hôtel de charme réussit à recréer l'atmosphère de la vie galante du 17ème siècle. Les antiquités de style Louis XIII, les lits à baldaquin, le salon avec ses boiseries et sa cheminée monumentale, le petit déjeuner servi dans une belle salle voûtée aux poutres apparentes, les chambres calmes donnant sur des cours fleuries, le soin particulier apporté aux services personnalisés, en font un lieu de séjour des plus agréables.

Reservation center 01 42 25 10 10

## HÔTEL RELAIS CHRISTINE

3, RUE CHRISTINE
75006 - PARIS
*métro : Odéon*
TÉL : 01 40 51 60 80 • FAX : 01 40 51 60 81
*Amex, Visa, Master Card, Diner's*
http://www.relais-christine.com - email : relaisch@club-internet.fr

This 16th century town house in a quiet and peaceful street on the Left Bank, near Saint-Germain-des Prés and a few minutes from Notre Dame and the Louvre, is truly a haven of charm. With its courtyard full of flowers and private garden, all rooms individually decorated - some with timbered ceilings - with colourful wall fabrics and antique furniture, a 13th century freestone walled function room that can accommodate 12 people, and a cosy lounge with a crackling wood fire, add to the charm.

SINGLE ROOM : 1750 to 1990 FF : 266,78 to 289,65 €
DOUBLE ROOM : 1950 to 2200 FF : 297,27 to 335,38 €

SUITE : 2450 to 3150 FF : 373,50 to 480,21 €
APARTMENT : 3350 to 4300 FF : 510,70 to 655,53 €
BREAKFAST : 115 to 145 FF : 17,53 to 22,10 €

Un hôtel particulier du 16ème siècle qui, dans une rue calme et discrète de la Rive Gauche, proche de Saint-Germain-des-Prés et à quelques minutes de Notre-Dame et du musée du Louvre, est une véritable oasis de charme. Sa cour fleurie et son jardin privatif, des chambres toutes décorées différemment - dont certaines aux poutres apparentes - aux tentures murales colorées, des meubles chinés chez les antiquaires, une salle de séminaire en pierre de taille du 13ème siècle pouvant accueillir 12 personnes, le salon douillet où crépite un feu de bois en font un havre de paix et de charme.

RESERVATION CENTER  01 42 25 10 10    32

# HÔTEL ROYAL MONCEAU

37, avenue Hoche
75008 - Paris
métro : Charles de Gaulle-Etoile
TÉL : 01 42 99 88 00 • FAX : 01 42 99 89 90
Amex, Visa, Master Card, Diner's, JCB, Autre Carte
http://www.royalmonceau.com
email : royalmonceau@jetmultimedia.fr

The 5 star deluxe Hôtel Royal Monceau, situated two steps from the Parc Monceau and Champs-Elysées, attracts the clientele seeking privacy within luxurious accommodations. Upon entering the marble lobby, boasting crystal chandeliers in an aura of pure luxury, one encounters a new world. The spacious rooms and luxurious suites, with impressive furniture exude elegance and distinction. The health/spa/fitness centre with an indoor pool, the 1 star Michelin restaurant "Le Jardin", the Venetian-style decorated Italian restaurant the "Carpaccio", and the comfortable and stylish "Royal's Bar", all contribute to the pleasures of your stay.

SINGLE ROOM : 2400 to 2900 FF : 366 to 442 €
DOUBLE ROOM : 2700 to 3800 FF : 412 to 579 €

SUITE : 3700 to 7500 FF : 564 to 1143 €
APARTMENT : 10500 to 19000 FF : 1601 to 2897 €
BREAKFAST : 160 to 230FF : 24 to 35 €

Proche du parc Monceau, à deux pas des Champs-Elysées, un hôtel de luxe très prisé pour sa discrétion. Une fois franchi le hall aux colonnes de marbre et au plafond lumineux, vous entrez dans un univers feutré. Les chambres et suites spacieuses, le mobilier d'époque, tout ici respire l'élégance et le charme. Le centre de remise en forme doté de sa piscine romaine, le restaurant "Le Jardin" véranda de verre au milieu du jardin fleuri, le "Carpaccio" restaurant italien aux saveurs vénitiennes, et le "Royal's Bar" complètent l'agrément d'un séjour réussi.

RESERVATION CENTER  01 42 25 10 10

# HÔTEL SAINT JAMES PARIS

43, avenue Bugeaud
75116 - Paris
*métro : Porte Dauphine*
TÉL : 01 44 05 81 81 • FAX : 01 44 05 81 82
*Amex, Visa, Master Card, Diner's, Jcb, Eurocard*
http://www.saint-james-paris.com - email : stjames@club-internet.fr

Housed in an incredible 19th century neo-classical château in the elegant 16th arrondissement, just a few minutes away from the Champs-Elysées and the Bois de Boulogne, the hotel is named after the Saint James Club. Some of the bright and spacious rooms were decorated by Andrée Putman; others are more traditional, with colourful wall fabrics and burnished wood furniture. Suites on the top floor all have private patios in the winter garden. While the library-bar is certainly one of the finest in Paris, the restaurant for hotel patrons only is also well worth a visit.

SINGLE ROOM : 1800 to 1900 FF : 274,40 to 289,65 €
DOUBLE ROOM : 2100 to 2300 FF : 320,14 to 350,63 €

SUITE : 2750 to 3000 FF : 419,27 to 457,34 €
DELUXE SUITE : 3900 to 4200 FF : 594,55 to 640,28 €
BREAKFAST : 115 to 145 FF : 17,53 to 22,10 €

Situé dans un incroyable château néo-classique du 19ème siècle, dans l'élégant 16ème arrondissement, à quelques minutes des Champs-Elysées et du Bois de Boulogne, le Saint-James est l'hôtel du club éponyme. Une partie des chambres, claires et spacieuses, a été décorée par Andrée Putman, les autres sont plus traditionnelles, aux tentures murales colorées et meubles en bois foncés. Les suites du dernier étage possèdent toutes une terrasse privative dans le jardin d'hiver. Alors que le bar bibliothèque est certainement l'un des plus beaux de la capitale, le restaurant réservé aux résidents de l'hôtel mérite également le détour.

RESERVATION CENTER  01 42 25 10 10

## Hôtel San Régis

12, rue Jean Goujon
75008 - Paris
*métro : Champs Elysées-Clémenceau*
TÉL : 01 44 95 16 16 • FAX : 01 45 61 05 48
*Amex, Visa, Master Card, Diner's*
http://www.hotel-sanregis.fr – email : message@hotel-sanregis.fr

This 19th century town house, dated 1857, has established itself as one of the last truly refined hotels in Paris. Filled with valuable ornaments, bronzes, old masters and period furniture, it offers a serene atmosphere redolent of elegance and refined living. With its fine panelled sitting room and chandeliers, the hushed atmosphere of its dining room, winter garden draped in floral fabrics, English bar for relaxation, and nicely decorated rooms furnished with upholstered sofas, thick damasks, wild silk hangings and fine rugs, this is truly a haven of luxury and charm.

SINGLE ROOM : 1800 to 2400 FF : 274,41 to 365,88 €
DOUBLE ROOM : 2400 to 3200 FF : 365,88 to 487,84 €

SUITE : 6100 FF : 929,94 €
APARTMENT : 3500 to 3900 FF : 533,57 to 594,55 €
BREAKFAST : 120 FF : 18,29 €

Un ancien hôtel particulier du siècle dernier, griffé 1857, qui s'affirme comme un des derniers lieu de caractère raffiné de la capitale. Riche de bibelots précieux, bronzes, tableaux anciens et meubles d'époque, il offre une ambiance sereine qui cultive l'élégance et le bien vivre. Avec le salon joliment habillé de boiseries et de candélabres, le restaurant à l'atmosphère feutrée, le jardin d'hiver drapé d'étoffes fleuries, le bar anglais pour la détente et les chambres joliment décorées, avec sofas capitonnés, épais damas, soies sauvages et tapis rares, tout ici en fait un petit palace de charme.

35   RESERVATION CENTER  ✆ 01 42 25 10 10

## HÔTEL SOFITEL LE FAUBOURG

15, RUE BOISSY-D'ANGLAS
75008 - PARIS
*métro : Concorde - Madeleine*
TÉL : 01 44 94 14 14 • FAX : 01 44 94 14 28
*Amex, Visa, Master Card, Diner's, JCB*
http://www.sofitel.com-www.hotelweb.fr
email : H1295@accor-hotels.com

This hotel is located in the Paris luxury, business and diplomatic quarter, in two imposing 18th and 19th century residences, whose characters have been preserved, even though all modern facilities are now to be enjoyed here. The lobby is in a light-filled conservatory and is more like a lounge; 1950's chandelier, refined rooms that open onto an interior garden, full, modern amenities that fit perfectly into the layout of each. The "Café Faubourg" restaurant and the "Bar30" round off this venue, which is ideal for a pleasurable stay in the capital.

SINGLE ROOM : 2200 to 3200 FF : 335,99 to 487,84 €
DOUBLE ROOM : 2200 to 3200 FF : 335,99 to 487,84 €
SUITE : 2600 to 7600 FF : 396,37 to 1158,61 €
APARTMENT : 11300 to 15000 FF : 1722,67 to 2286,74€
BREAKFAST : 140 FF : 21,34 €

Dans le quartier des affaires, de la diplomatie et du luxe parisien, l'hôtel occupe deux imposantes demeures des XVIII et XIXème siècles dans lesquelles le charme classique a été préservé, tout en y intégrant fonctionnalité et modernité. Le hall d'accueil offre une lumière exceptionnelle avec sa verrière "a giorno" et un lustre années 50. Les chambres, dont certaines donnent sur le jardin intérieur, bénéficient d'un confort moderne et d'une décoration raffinée. Le restaurant "Café Faubourg" et le "Bar30" complètent un lieu unique pour un séjour-plaisir en la capitale.

RESERVATION CENTER  01 42 25 10 10       36

## Hôtel Square

3, rue de Boulainvilliers
75016- Paris
*métro : Passy*
tél : 01 44 14 91 90 • fax : 01 44 14 91 99
*Amex, Visa, Master Card, Diner's,CB*
http://www.hotelsquare.com
hotelsquare@wanadoo.fr

A new and unusual place, and a real asset only a few minutes from the heart of Paris, near the banks of the Seine and the Ile aux Cygnes. The facade of "green India" granite conceals a residence with a refined atmosphere, where rooms and suites provide four-star comfort: Carara marble bathrooms, Carita luxury products, fax, voice-mail, mini-bar, air-conditioning, cable TV and radio alarm. 24-hour room service and the modern "Le Zébra Square" brasserie for meals add to the charm of this place designed for the twenty first century.

**SINGLE ROOM : 1450 to 1850 FF : 221,05 to 282,03 €**
**SUITE : 2200 to 2700 FF : 335,39 to 411,61 €**

**BREAKFAST : 100 FF : 15,24 €**

Près des bords de Seine et de l'île aux cygnes, un lieu de vie original et nouveau qui est une aubaine, à quelques minutes du cœur de Paris. Derrière la façade de granit "vert des Indes", une demeure qui offre une atmosphère raffinée. Les chambres et suites vous entrainent dans l'univers du confort quatre étoiles : salles de bains taillées dans le marbre de Carrare, produits d'accueil Carita, fax, messagerie vocale, mini-bar, climatisation, TV câblée, radio-réveil. Le service d'étage disponible 24 heures sur 24, la brasserie contemporaine "Le Zébra Square" pour vous restaurer, ajoute au charme de cet endroit créé pour le XXIème siècle.

Reservation center  01 42 25 10 10

## Hôtel de Vendôme

1, place Vendôme
75001 - Paris
métro : Concorde
TÉL : 01 55 04 55 00 • FAX : 01 49 27 97 89
Amex, Visa, Master Card, Diner's, Jcb
e.mail : réservations@hotelvendome.com

This town house built in 1723 on the edge of the Place Vendôme, where the great Paris jewellers are, was once home to the Sun King's secretary and in 1842 housed the Embassy of the Republic of Texas. Today, under the direction of its present owners, the Mouawad family, the house has been restored to its former splendour. This luxury hotel equipped with the latest communication technology is an exceptional residence. You can also enjoy traditional French cuisine at the Café de Vendôme and the warm atmosphere of the English bar on the first floor next to the "Perles de Vendôme" to which you are invited to savour our unique recipes.

SINGLE ROOM : 2300 to 2600 FF : 350,63 to 396,37 €
DOUBLE ROOM : 2800 to 3200 FF : 426,86 to 487,54 €

SUITE : 4500 to 5500 FF : 686,02 to 838,47 €
SUITE PRÉSIDENTIAL : 13000 FF : 1 981,84 €
BREAKFAST : 190 FF : 28,97 €

A fleur de place Vendôme, dans le quartier de la haute joaillerie parisienne, cet hôtel particulier construit en 1723 a, jadis, accueilli le secrétaire du roi Soleil et l'ambassadeur de la République du Texas en 1842. Aujourd'hui, il a, selon les exigences de son propriétaire, la famille Mouawad, retrouvé toute sa splendeur. Bénéficiant des dernières techniques de communication, cet hôtel de luxe est une demeure d'exception. Vous pourrez également apprécier une cuisine française de tradition au Café de Vendôme et l'ambiance chaleureuse du bar anglais situé au premier étage à côté des "Perles de Vendôme" que nous vous invitons à découvrir pour y déguster nos formules inédites.

Reservation center  01 42 25 10 10

## HÔTEL VERNET

25 , RUE VERNET
75008 - PARIS
métro : George V
TÉL : 01 44 31 98 00 • FAX : 01 44 31 85 69
*Amex, Visa, Master Card, Diner's, Jcb*
http://www.hotelvernet.com • email : hotelvernet@jetmultimedia.fr

A few steps from the Champs-Elysées and the great fashion shops, the Vernet is the small luxury hotel par excellence. Whether you are on a trip for business or pleasure, it offers quiet and privacy from the moment you enter the softly lit foyer with its marble paving. For over 80 years an international clientele has made this its Paris base, drawn by its rooms covered in salmon pink or pastel blue wall fabrics and equipped with all modern conveniences, period furniture, marble bathrooms with jacuzzis, the thick Persian carpets in the Blue Lounge, and the cosily luxurious old wood panelled bar.

SINGLE ROOM : 1700 to 2200 FF : 259,16 to 335,39 €
DOUBLE ROOM : 2200 to 2600 FF : 335,39 to 396,37 €

SUITE : 4200 to 4500 FF : 640,29 to 686,02 €
BREAKFAST : 130 to 160 FF : 19,82 to 24,39 €

A deux pas des Champs-Elysées et des grandes boutiques de mode, le Vernet est le petit palace par excellence. Pour un séjour d'agrément ou d'affaires, il vous offre calme et discrétion dès le hall d'entrée, baigné par une lumière douce qui se reflète sur les dalles de marbre. Depuis plus de 80 ans, une clientèle internationale en fait son pied-à-terre parisien, charmée par les chambres aux tissus pastel, saumon ou bleu dotées de tout le confort moderne, les meubles d'époque, les salles de bains en marbre avec jacuzzi, les épais tapis d'Iran du Salon Bleu, le bar de bois patiné qui joue la carte du luxe cosy.

RESERVATION CENTER  01 42 25 10 10

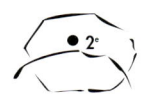

## HÔTEL WESTMINSTER

13, RUE DE LA PAIX
75002 - PARIS
*métro* : Opéra
TÉL : 01 42 61 57 46 • FAX : 01 42 60 30 66
Amex, Visa, Master Card, Diner's, JCB
http://www.warwickhotels.com
e-mail : resa.westminster@warwickhotels.com

photos : Eliophot et X

For over 150 years this character hotel situated between the Opéra Garnier, the Place Vendôme and the rue Saint-Honoré has been one of the most prestigious addresses in Paris. The traditional unobtrusive luxury, Louis XV period furniture, an astounding collection of bronze clocks and sophisticated modernity give individual character to the 102 rooms and suites. The entirely air-conditioned reception rooms, very high class "Le Céladon" restaurant and the gothic piano bar add to the quality of an establishment in which everything is designed for its patrons' pleasure.

SINGLE ROOM : 2400 to 2950 FF : 365,88 to 449,72 €
DOUBLE ROOM : 2400 to 2950 FF : 365,88 to 449,72 €

JUNIOR SUITE : 3700 to 4400 FF : 564,06 to 670,78 €
SUITE : 6600 to 7600 FF : 1006,16 to 1158,61 €
PRESIDENTIAL SUITE : 10500 FF : 1600,71 €
BREAKFAST : 110 to 150 FF : 16,77 to 22,87 €

Voilà plus de 150 ans que cet hôtel de charme compte, entre Opéra Garnier, place Vendôme et rue Saint-Honoré, parmi les adresses les plus prestigieuses de Paris. Le luxe discret de la grande tradition, des meubles d'époque Louis XV, une étonnante collection d'horloges en bronze et les raffinements de la modernité personnalisent les 102 chambres et suites. Les salons de réception entièrement climatisés, le restaurant "Le Céladon" de très bonne tenue et le piano-bar gothique ajoutent à la qualité d'un lieu où tout est mis en oeuvre pour le seul plaisir de ses hôtes.

RESERVATION CENTER ✆ 01 42 25 10 10           40

# Veuve Clicquot

## La Grande Dame

L'ABUS D'ALCOOL EST DANGEREUX POUR LA SANTÉ. CONSOMMEZ AVEC MODÉRATION.

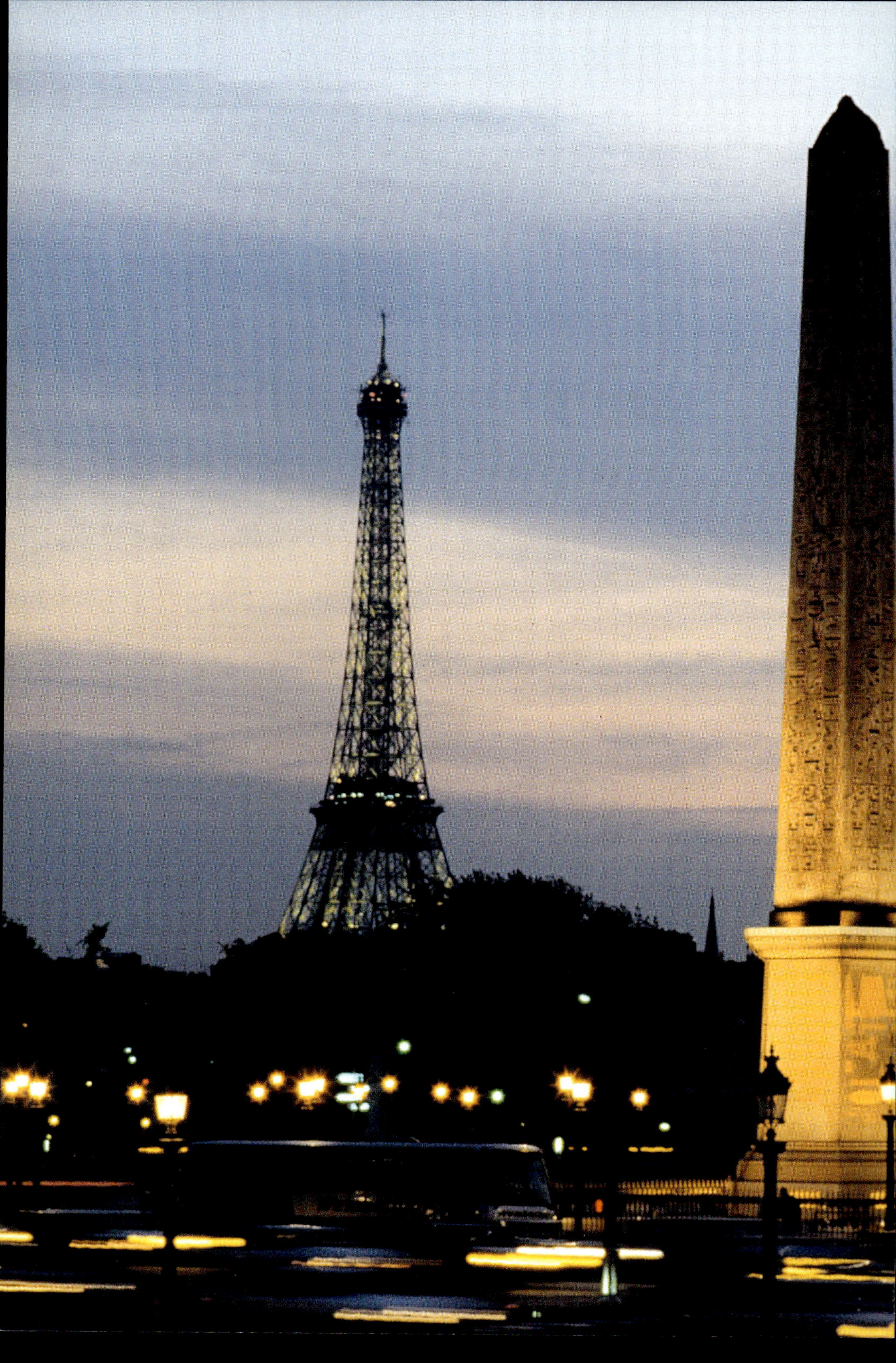

# Grand Hotels

p.45 Castille     Pergolèse p.55

p.46 Claridge Bellman     Queen Elizabeth p.56

p.47 Elysées Star     Relais Saint Germain p.57

p.48 Le Louvre     Trémoille p.58

p.49 Madison     Villa Beaumarchais p.59

p.50 Marignan Elysées     Villa Opéra Drouot p.60

p.53 Millennium Opéra     Warwick Champs-Elysées p.61

p.54 Napoléon de Paris     Washington Opéra p.62

SINGLE ROOM : from 1730 to 2010 FF : 218 to 253 €
DOUBLE ROOM : from 2105 to 2450FF : 265 to 308 €
SUITES : from 2990 to 3195 FF : 376 to 402 €
APARTMENTS : from 4945 to 5335 FF : 622 to 671 €

# CHRISTIAN LACROIX
*Parfums*

# HÔTEL CASTILLE

33, rue Cambon
75001 - Paris
métro : Concorde
TÉL : 01 44 58 44 58 • FAX : 01 44 58 44 00
Amex, Visa, Master Card, Diner's, Jcb
email : hotel@castille.com

Between the Place de la Concorde and the Opéra-Garnier, close to the high-class shops of the Rue du Faubourg Saint-Honoré – Chanel is close by – Le Castille stands out because of its double personality: Quintessential Italian charm in the Opera wing, bedrooms in shades of ochre with fabric wall coverings ; quintessential French elegance in contemporary style in the Rivoli wing, designed by interior decorator Jacques Grange. The patio with its fountain and ceramic-tiled walls houses "Il Cortile", the Italian restaurant whose chef, Nicolas Vernier, is a disciple of Alain Ducasse. Guests, therefore, have a choice of ambiences for their stay in this exceptional hotel .

SINGLE ROOM : 2160 to 2590 FF : 329,29 to 394,84€
DOUBLE ROOM : 2470 to 2965 FF : 376,55 to 452,01 €

SUITE : 2830 to 4000 FF : 431,40 to 609,80 €
BREAKFAST : 150 FF : 22,87 €

Situé entre la place de la Concorde et l'Opéra Garnier, tout près des luxueuses boutiques de la rue du Faubourg-Honoré (Chanel est à côté ), Le Castille se distingue par sa double personnalité. Esprit et charme à l'italienne pour l'aile Opéra, aux chambres déclinées dans les tons ocres et parées de tissu tendu. Esprit et élégance à la française, dans un style contemporain, pour l'aile Rivoli réalisée par le décorateur Jacques Grange. Le patio avec fontaine et murs de céramiques abrite le restaurant italien "Il Cortile", où officie un disciple de Alain Ducasse, Nicolas Vernier. l' hôtel offre ainsi à ses hôtes la possibilité de choisir l'ambiance de leur séjour.

45  RESERVATION CENTER  01 42 25 10 10

8e

# HÔTEL CLARIDGE BELLMAN

37, RUE FRANÇOIS 1ER
75008 - PARIS
métro : Franklin Roosevelt
TÉL : 01 47 23 54 42 • FAX : 01 47 23 08 84
Amex, Visa, Master Card, Diner's

A historic residence, a name that is synonymous with luxury and tranquility. Close to the Champs-Elysées, a hotel that has all the time-honoured prestige of the Parisian hotel tradition and pays tribute to Bellman, the great Swedish poet who sang the praises of the pleasures of life. In the charming intimacy of a four-star hotel, you will have the privilege of staying between the Arc de Triomphe and the Place de la Concorde, close to the famous fashion houses, the great names in perfume and international companies. The beautifully proportioned, exquisitely tasteful bedrooms provide the ultimate in top quality comfort.

SINGLE ROOM : 900 to 1600 FF : 138 to 245 €
DOUBLE ROOM : 900 to 1600 FF : 138 to 245 €

BREAKFAST : 90 FF : 13,72 €

Une demeure ancienne, un nom qui est synonyme, d'atmosphère luxueuse et de tranquillité. A deux pas des Champs-Elysées, un hôtel qui évoque l'éternel prestige de la tradition hôtelière parisienne et rend hommage à Bellman, le grand poète suédois qui s'était fait le chantre des plaisirs de la vie. Au charme de l'intimité préservée d'un 4 étoiles, vous associez le privilège de séjourner entre l'Etoile et la Concorde, le quartier des grands couturiers, des grands parfumeurs et des sociétés internationales. Les chambres de beaux volumes d'un goût exquis bénéficient de tout le confort haut de gamme.

RESERVATION CENTER  01 42 25 10 10     46

● 8ᵉ

## HÔTEL ELYSÉES STAR

19, RUE VERNET
75008 - PARIS
*métro : George V*
TÉL : 01 47 20 41 73 • FAX : 01 47 23 32 15

*Amex, Visa, Master Card, Diner's*

A town house recently restored in its original Haussmann style: from the breakfast room to the private garden on the sixth floor, a sophisticated decor includes wood panelling, fireplaces and rooms decorated in the styles of Louis XV or the First Empire with Egyptian influences. The welcome is warm and the service customised, including porter, limousine service, room service, video, and all modern conveniences: air-conditioning, safe, video, hi-fi and foreign television channels.

```
SINGLE ROOM : 1700 FF : 259,16 €
DOUBLE ROOM : 1900 FF : 289,65 €
DE LUXE ROOM : 2100 FF : 320,14 €

JUNIOR SUITE : 2600 FF : 396,37 €
SENIOR SUITE : 3500 FF : 533,57 €
BREAKFAST : 170 FF : 25,92 €
```

Un hôtel particulier qui a retrouvé récemment le style haussmannien qui fut le sien, avec, de la salle du petit déjeuner au jardin privé du 6ème étage, une décoration raffinée, entre boiseries, feu de cheminée, et chambres de style Louis XV ou Empire retour d'Egypte. Vous y trouverez également un accueil et un service personnalisés (bagagiste, limousine, room-service, vidéo) et tout le confort contemporain : air conditionné, coffre-fort, magnétoscope, chaîne Hi-Fi et télévisions étrangères.

47  RESERVATION CENTER ✆ 01 42 25 10 10

# HÔTEL DU LOUVRE

7, PLACE ANDRÉ MALRAUX
75001 - PARIS
*métro : Palais Royal*
TÉL : 01 44 58 38 38 • FAX : 01 44 58 38 01
*Amex, Visa, Master Card, Diner's, Jcb*
http://www.hotcldulouvre.com - email : hoteldulouvre@hoteldulouvre.com

With the privileged location of the Hôtel du Louvre, you are in the heart of the arts, culture and fashion quarter of Paris. The Comédie-Française, the Louvre and Opéra Garnier are only a few steps away. The hotel's 200 rooms, decorated with fabrics signed by Pierre Frey and beautiful cherry-wood Directoire furniture, are air-conditioned and sound-proofed. They include 44 "Deluxe Suites", 32 "Junior Suites" and 2 apartments, each with its own special character. Its eight private lounges can receive up to 200 people, its typical Parisian brasserie bubbles with activity from noon till midnight.

SINGLE ROOM : 2050 FF : 312,52 €
DOUBLE ROOM : 2050 to 2300 FF : 312,52 to 350,63 €

SUITE : 2800 to 3500 FF : 426,86 to 533,57 €
APARTMENT : 4500 FF : 686,02 €
BREAKFAST : 125 FF : 19,06 €

Avec la situation privilégiée de l'hôtel du Louvre, vous êtes au cœur du Paris des arts, de la culture et de la mode. La Comédie-Française, le Louvre et l'Opéra Garnier sont à deux pas. Les 200 chambres, décorées d'étoffes griffées Pierre Frey, de jolis meubles en merisier Directoire climatisées et insonorisées, dont 44 "Deluxe, 32 "Junior Suites" et 2 appartements, présentent toutes un caractère particulier. Ses huit salons privés peuvent recevoir jusqu'à 200 personnes, sa brasserie typiquement parisienne bouillonne de midi à minuit, et son bar feutré accueille à toute heure. Un hôtel dans l'air du temps.

RESERVATION CENTER ✆ 01 42 25 10 10

# Hôtel Le Madison

143, boulevard Saint Germain
75006 - Paris
*métro : Saint-Germain-des-Prés*
tél : 01 40 51 60 00 • fax : 01 40 51 60 01
*Amex, Visa, Master Card, Diner's, Jcb*
email : resa@hotel-madison.com

Driven by an unquenchable thirst for life, Saint-Germain-des-Prés is an absolute must between the Latin Quarter, the Invalides, the Louvre and Luxembourg gardens. Situated in an ideal location in the heart of this quarter, the Madison is one of the most distinguished and sought after addresses here, only a few steps away from the Seine docks, in the midst of art galleries, bookshops, and antique shops and surrounded by prestigious fashion boutiques (Armani, Dior, Saint-Laurent). The rooms are tastefully decorated and the bathrooms are lined with unusual Italian tiles.

SINGLE ROOM : 2050 FF : 312,52 €
DOUBLE ROOM : 2050 to 2300 FF : 312,52 to 350,63 €

SUITE : 2800 to 3500 FF : 426,86 to 533,57 €
APARTMENT : 4500 FF : 686,02 €
BREAKFAST : 125 FF : 19,06 €

Porté par une incontournable soif de vivre, Saint-Germain-des-Prés est le lieu incontournable entre le Quartier Latin, les Invalides, le Louvre et les Jardins du Luxembourg. Idéalement situé au cœur de ce quartier, le Madison en est une des adresses les plus distinguées et courtisées, à deux pas des quais de Seine, au milieu des galeries d'art, des libraires, des antiquaires et entouré des prestigieuses boutiques de mode (Armani, Dior, Saint-Laurent). Les chambres sont décorées avec goût et les salles de bains avec d'insolites céramiques italiennes. Y passer quelques jours, c'est vivre au cœur de la capitale.

Reservation center  01 42 25 10 10

# HÔTEL MARIGNAN ELYSÉES

12, RUE DE MARIGNAN
75008 - PARIS
*métro : Franklin Roosevelt*
TÉL : 01 40 76 34 56 • FAX : 01 40 76 34 34
*Amex, Visa, Master Card, Diner's, JCB*
email : marignan@cie.fr

This 18th century prince's residence, wonderfully situated at the heart of Paris between the Champs-Elysées and the Avenue Montaigne - bastion of the Paris fashion industry - has retained the atmosphere of a wealthy Paris town house. You will be charmed by this hotel's friendly and refined atmosphere, the decor, the unique collection of modern art and artefacts from earlier centuries. The rooms are all differently decorated and provide all the modern conveniences expected of a luxury hotel with character.

SINGLE ROOM : 2204,02 to 2 525,43 FF : 337 to 385 €
DOUBLE ROOM : 2328,65 to 2 850,62 FF : 355 to 430 €
SUITE : 3673,36 to 4198,12 FF : 560 to 640 €
BREAKFAST : 150,96 FF : 23 €

Admirablement situé au cœur de la capitale, entre les Champs-Elysées et l'avenue Montaigne, temple de la haute couture, cet ancien hôtel princier du XVIIIème siècle a su préserver l'âme d'une riche demeure parisienne. Vous serez séduit par son atmosphère accueillante et raffinée, sa décoration intérieure, sa collection unique d'œuvres d'art contemporain et par les témoignages artistiques préservées des siècles passés. Les chambres offrent un décor traditionnel, alliant modernité et savoir-faire d'un hôtel de luxe.

RESERVATION CENTER  01 42 25 10 10

# BAL du Moulin Rouge

## NOUVELLE REVUE !

## Féerie

BAL DU Moulin Rouge PARIS

DÎNER & REVUE À 19 H À PARTIR DE 790 F - REVUE À 21 H : 560 F, À 23 H : 500 F
MONTMARTRE - 82, BD DE CLICHY - 75018 PARIS - RÉSERVATIONS : 01 53 09 82 82
WWW.MOULIN-ROUGE.COM

# LES PARFUMS
# ANDY WARHOL

# Hôtel Millennium Opéra Paris

12, Boulevard Haussmann
75009 - Paris
*métro : Richelieu-Drouot*
Tél : 01 49 49 16 00 • Fax : 01 49 49 17 00
*Amex, Visa, Master Card, Diner's, Jcb*

In the heart of the Opéra quarter with its department stores, this Art Deco jewel displays itself as a luxury hotel with a warm atmosphere and natural elegance. The hotel was recently fully renovated and offers a classic service of quality and discretion, combining modern conveniences and tradition. The rooms and suites are air conditioned and sound-proofed and feature full, modern facilities. The Lounge Bar with fire place, Haussmann bar with terrace, and prestigious reception or meeting rooms equipped with the most sophisticated communication technology enhance the service offered to individual patrons or business groups.

SINGLE ROOM : 1900 to 2500 FF : 289,65 to 381,12 €
DOUBLE ROOM : 1900 to 2500 FF : 289,65 to 381,12 €
SUITE : 3900 to 5200 FF : 594,55 to 792,73 €
BREAKFAST : 150 FF : 22,87 €
(Special promotion on request)

Au cœur du quartier de l'Opéra et des grands magasins, un joyau du style Art déco qui s'affiche comme un hôtel de luxe soucieux d'ambiance chaleureuse et d'élégance innée. Entièrement rénové voilà peu, l'hôtel assure un service d'un classicisme de qualité et de discrétion, mariant modernité et tradition. Les chambres et suites sont climatisées et insonorisées, et bénéficient de tout le confort moderne. Lounge Bar avec cheminée et brasserie Haussmann avec terrasse, salles de réception de prestige ou de réunion enrichies des techniques de communications les plus sophistiquées ajoutent au plaisir d'un séjour individuel ou d'affaires.

RESERVATION CENTER  01 42 25 10 10

## Hôtel Napoléon de Paris

40, avenue de Friedland
75008 - Paris
métro : Etoile
Tél : 01 56 68 43 21 • Fax : 01 56 68 44 40
Amex, Visa, Master Card, Diner's
e-mail : napoleon@hotelnapoleonparis.com
http://www.hotelnapoleonparis.com

With its unique situation on one of the finest avenues in Paris, close to the Arc de Triomphe and the Champs-Elysées, here is a hotel to delight lovers of Paris with its genuine atmosphere of a private house. The warmth of the surroundings, the gentle decor and spacious rooms with all modern conveniences (air-conditioning, computer connection, bilingual telephone), subtly lit polished marble bathrooms and harmoniously decorated suites make staying here a joy, and the friendly welcome given by the smiling staff is designed to make you forget you are in a hotel.

SINGLE ROOM : 1500 to 1700 FF : 228,67 to 259,16 €
DOUBLE ROOM : 2300 to 2500 FF : 350,63 to 381,12 €
SUITE : 2700 FF : 411,61 €
APARTMENT : 4500 to 5500FF : 686,02 to 838,47 €
BREAKFAST : 130 FF : 19,82 €

Avec une situation unique, sur l'une des plus belles avenues de Paris, proche de l'Arc de Triomphe et des Champs-Elysées, voilà un hôtel qui comble les amoureux de la capitale en leur offrant une vraie atmosphère de maison privée. La chaleur des lieux au décor tendre, les chambres spacieuses où il fait bon vivre sont dotées de tout le confort moderne (air conditionné, prise ordinateur, téléphone bilingue). Les salles de bain aux marbres polis et aux lumières étudiées, les suites aux couleurs harmonieuses, l'accueil aimable et souriant d'un personnel qui vous fera oublier que vous êtes à l'hôtel.

RESERVATION CENTER ✆ 01 42 25 10 10

## Hôtel Pergolèse

3, rue Pergolèse
75116 - Paris
*métro : Argentine*
TÉL : 01 53 64 04 04 • FAX : 01 53 64 04 40
*Amex, Visa, Master Card, Diner's, Jcb, Eurocard*
http://www.hotelpergolese.com

*Bar-room service 24h/24*

A small 4-star hotel with character designed by Rena Dumas-Hermès, hidden behind a 19th century freestone façade, between the Champs Elysées and the Palais des Congrès, on the wonderful Metro number one line that takes you from the Défense to the Bastille, via the Louvre. You will enjoy the elegance of the lounges and the bar decorated with pictures and carpets, especially designed by Hilton McConnico. The breakfast room is gaily coloured and has striking Starck tables, the rooms are in pastel colours with light coloured ash and leather armchairs, and the bathrooms are pure with white marble and brilliant chrome hand basins. Everything plays a part in the refinement of this unique residence. Air conditioning, 24-hour room service, modem plug, mini-bar, personal safe, channel and cable TV.

**SINGLE ROOM : 1050 to 1400 FF : 160,07 to 213,43 €**
**DOUBLE ROOM : 1200 to 1600 FF : 182,94 to 243,92 €**
**DELUXE ROOM : 1900 FF : 289,65 €**
**BREAKFAST : 70 FF à 95 FF : 10,67 à 14,48 €**

Derrière une façade en pierre de taille du siècle dernier, entre les Champs-Elysées et le Palais des Congrès, sur la géniale ligne de métro n° 1 qui vous emmène de la Défense à la Bastille en passant par le Louvre, se cache un petit hôtel 4 étoiles de caractère signé Rena DUMAS-HERMES. Vous serez séduit par l'élégance des salons et du bar décorés de tableaux et tapis crées spécialement par Hilton McCONNICO. Gaieté des couleurs, originalité des tables de STARCK dans la salle des petits déjeuners, teintes pastel, frêne blond des meubles et cuir des fauteuils dans les chambres, pureté du marbre blanc, brillance de la vasque chromée des salles de bains : tout contribue au raffinement de ce lieu unique. Climatisation, room-service 24/24, prise modem, minibar, coffre individuel, canal+, TV câble.

RESERVATION CENTER  01 42 25 10 10

## Hôtel Queen Elizabeth

41, av. Pierre 1ᵉʳ de Serbie
75008 - Paris
métro : George V
TÉL : 01 53 57 25 25 • FAX : 01 53 57 25 26
Amex, Visa, Master Card, Diner's, Jcb
http: //www.calvacom.fr/queen/accueil.html - email :
queen@calvanet.calvacom.fr

The French art of living is carried on here with exceptional felicity. From the moment you are welcomed, you feel at home in the quiet and peaceful atmosphere. Character emanates from the colours, the wood panelling, beautiful antique furniture, the 18th century tapestry, plush sofas, the "L'Oasis" bar where you are entertained by a pianist and - a pastoral touch at the centre of Paris - the wonderful garden onto which most of the rooms open. The large and comfortable rooms are equipped with the most sophisticated conveniences: marble bathrooms, cable and satellite (25 channels) television, air-conditioning and Internet.

SINGLE ROOM : 1400 to 1800 FF : 215 to 275 €
DOUBLE ROOM : 2100 to 2300 FF : 320 to 350 €

JUNIOR SUITE : 2500 to 2700 FF : 380 to 410 €
APARTMENT : 2900 to 3000 FF : 440 to 460 €
BREAKFAST : 100 to 150 FF : 15 to 25 €

L'art de vivre à la française est ici perpétué avec un rare bonheur. Passée l'entrée, vous aurez le sentiment de vous sentir chez vous, dans une atmosphère feutrée. Le charme opère avec les couleurs, les boiseries, les très beaux meubles anciens, la tapisserie du XVIIIème siècle, les canapés profonds, le bar "L'Oasis" où le pianiste joue pour votre plaisir. Empreinte bucolique au cœur de Paris : le merveilleux jardin sur lequel s'ouvrent la plupart des chambres. Confortables et vastes, elles sont dotées de salle de bains en marbre, télévision câblée et satellite (25 chaînes), climatisation, internet.

RESERVATION CENTER ☎ 01 42 25 10 10

# HÔTEL LE RELAIS SAINT GERMAIN

9, CARREFOUR DE L'ODÉON
75006 - PARIS
*métro : Odéon*
TÉL : 01 44 27 07 97 • FAX : 01 46 33 45 30
*Amex, Visa, Master Card, Diner's*

In the heart of Paris on the legendary Left Bank in mythical Saint-Germain-des-Prés, with the Odéon, the Sorbonne and the Luxembourg Gardens close by, this hotel is an oasis of calm and relaxation. The single suite and the bedrooms, all with marble bathrooms and separate WC, are equipped with every contemporary comfort: air conditioning, soundproofing, safe, mini-bar, hairdryer and video. All this in a perfectly preserved 17th century building, elegantly decorated in harmonious colours, with luxurious fabrics and period furniture.

SINGLE ROOM : 1290 FF : 196,66 €
DOUBLE ROOM : 1600 FF : 243,92 €

SUITE : 2100 FF : 320,14 €
BREAKFAST : 75 FF : 11,43 €

Au cœur du Paris de la Rive Gauche, avec Saint-Germain-des-Prés comme écrin, l'Odéon, la Sorbonne et les Jardins du Luxembourg comme voisins, un hôtel qui est un lieu privilégié de détente et de charme. Les suites et chambres très spacieuses- toutes avec salles de bain et toilettes séparées en marbre - sont dotées de tout le confort contemporain : climatisation, insonorisation, coffre-fort, mini-bar, sèche-cheveux et vidéo. Vous retrouvez ici l'âme préservée d'un immeuble du XVIIème au décor raffiné, dans une harmonie de couleurs, le luxe des tissus et des meubles d'époque.

RESERVATION CENTER  01 42 25 10 10

## Hôtel de la Trémoille

14, rue de la Trémoille
75008 - Paris
métro : Alma-Marceau ou Franklin Roosevelt
TÉL : 01 47 23 34 20 • FAX : 01 40 70 01 08
*Amex, Visa, Master Card, Diner's*

This small luxury hotel at the heart of the Golden Triangle, home of Parisian elegance, fashion and media, between Avenue George V and Avenue Montaigne, is a haven of peace and privacy. Classical good taste is allied with matchless hospitality and really personal service. The black and white marble foyer, the profusion of bouquets, Louis XVI side tables, rooms and suites with period furniture, modern and period paintings, old prints and fine fabrics are all conducive to an extended stay.

SINGLE ROOM : 1990 to 2290 FF : 303,37 to 349,11 €
DOUBLE ROOM : 2450 to 2750 FF : 373,50 to 403,99 €
SUITE JUNIOR : 2910 to 3210 FF : 443,63 to 489,36 €
APARTMENT : 3070 to 8670 FF : 468,02 to 1321,73 €
BREAKFAST : 120 to 140 FF : 18,29 to 21,34 €

Au cœur du Paris de l'élégance, de la mode et des medias, celui du Triangle d'Or, entre les avenues George V et Montaigne, ce petit palace de luxe est un vrai havre de paix et de discrétion. Le bon goût et le classicisme se marient avec un accueil hors pair et un service personnalisé. Le hall de marbre blanc et noir, les bouquets de fleurs à foison, les guéridons Louis XVI, les chambres et les suites aux meubles de style, les tableaux d'époque et contemporains, les gravures anciennes et les tissus précieux, tout cela incite à la halte prolongée.

Reservation center ✆ 01 42 25 10 10

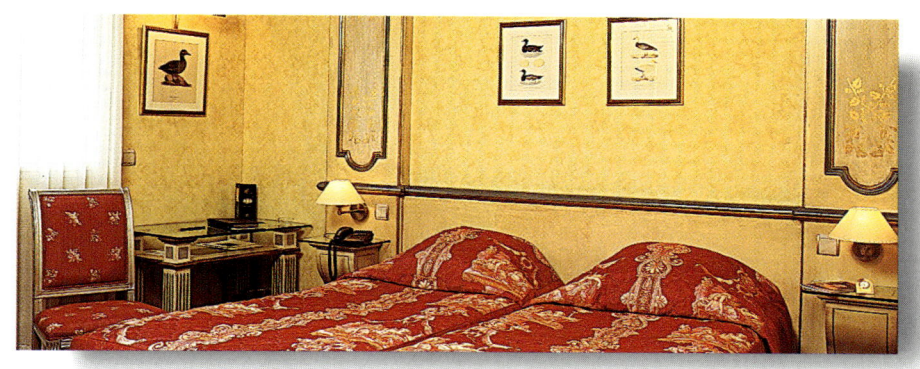

# HÔTEL VILLA BEAUMARCHAIS

5, RUE DES ARQUEBUSIERS
75003 - PARIS
*métro : Chemin vert*
TÉL : 01 40 29 14 00 • FAX : 01 40 29 14 01
*Amex, Visa, Master Card, Diner's*
http://www.hotelsparis.fr - email : beaumarchais@hotelsparis.fr

In the heart of old historic, romantic Paris, just a few minutes away from Place des Vosges, a luxury hotel whose room and suite doors all open out onto the patio and garden. The wall fabrics, furniture painted with gold leaf, lava stone in the bathrooms, everything here combines tradition, comfort and modern conveniences. "I bent over backwards to make you happy" stated Pierre-Augustin Caron de Beaumarchais. Restaurant "L'Orangeraie" is the perfect setting to enjoy the traditional and innovative gourmet creations of chef Thierry Bourbonnais.

SINGLE ROOM : 1300 to 1800 FF : 198,18 to 274,41 €
DOUBLE ROOM : 1680 to 2300 FF : 256,11 to 350,63 €
SUITE : 2100 to 3600 FF : 320,14 to 548,82 €
BREAKFAST : 105 to 150 FF : 16,01 to 22,87 €
MENU : 135 and 165 FF : 20,58 to 25,15 €

Au cœur du vieux Paris historique et romantique, à deux pas de la place des Vosges, un hôtel de luxe qui vous ouvre les portes de ses chambres et suites, toutes articulées autour du patio et du jardin. Tissu tendu sur les murs, meubles peints à la feuille d'or, pierre de lave dans les salles de bain, tout ici se conjugue sur le mode de la tradition, du confort et du modernisme. "Je me suis mis en quatre pour vous faire plaisir", disait Pierre-Augustin Caron de Beaumarchais. Le restaurant gastronomique "L'Orangeraie" vous invite à la découverte de la cuisine authentique et créative du chef Thierry Bourbonnais.

RESERVATION CENTER  01 42 25 10 10

# Hôtel Villa Opéra Drouot

2, rue Geoffroy Marie
75009 - Paris
*métro : Grands Boulevards*
tél : 01 48 00 08 08 • fax : 01 48 00 80 60
*Amex, Visa, Master Card, Diner's, Jcb*
http://www.hotelsparis.fr - email : drouot@hotelsparis.fr

In the heart of real Paris, near Opéra Garnier, the big department stores, the Drouot auction rooms, the Folies Bergères, the Paris Bourse and the theatre quarter, this charming hotel boasts a privileged location. The sumptuous wood-finished rooms and duplex suites - decorated with silk fabrics, hangings and velvet drapes – offer all the modern conveniences: air-conditioning, safe, mini-bar, cable TV, video programs, Internet. And since the hotel was designed to be as intimate as your own home, you will be received with special warmth.

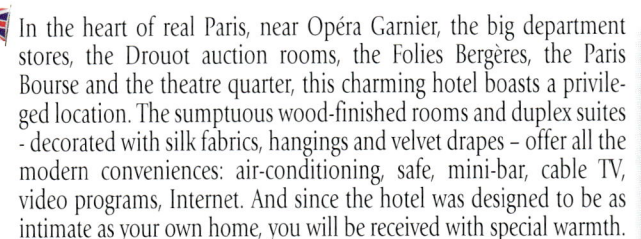

SINGLE ROOM : 1300 FF : 198 €
DOUBLE ROOM : 1600 to 1800 FF : 243 to 274 €
SUITE : 2100 FF : 320 €
BREAKFAST : 105 FF : 16 €

Au cœur du vrai Paris, près de l'Opéra Garnier, des grands magasins, de l'hôtel des ventes de Drouot, des Folies Bergères, de la Bourse et du quartier des théâtres, un hôtel de charme qui jouit d'une situation privilégiée. Les chambres et suites en duplex - somptueusement décorées de boiseries, soieries, tentures et velours - bénéficient de tout le confort contemporain : climatisation, coffre-fort, mini-bar, télévision câblée, programmes vidéo, accès internet. Pensé pour être aussi intime que votre demeure, cet hôtel vous réservera un accueil particulièrement chaleureux.

RESERVATION CENTER 01 42 25 10 10

● 8e

# HÔTEL LE WARWICK CHAMPS-ELYSÉES

5, RUE DE BERRI
75008 - PARIS
métro : George V
TÉL : 01 45 63 14 11 • FAX : 01 42 56 77 59
Amex, Visa, Master Card, Diner's, Jcb
http://www.warwickhotels.com - email : resa.whparis@warwickhotels.com

In the heart of Paris, just minutes away from the famous avenue, from Rue du Faubourg Saint-Honoré and Avenue Montaigne, Hotel Le Warwick Champs-Elysées never fails to delight its business or leisure clientele with its exceptional situation and quality services. Each apartment is an original creation, a refined place where light, soft monochrome shades and the harmony of noble materials combine in great traditional luxury. The quiet, spacious rooms and suites, most of which have terraces with a view, offer all the modern conveniences. "Swann's Bar" and the "W" restaurant add the final touches to a pleasurable stay.

SINGLE ROOM : 2200 FF : 335,39 €
DOUBLE ROOM : 2700 FF : 411,61 €

SUITE : 3500 FF : 533,57 €
APARTMENT : 4900 to 9900 FF : 747 to 1 509,25 €
BREAKFAST : 135 to 155 FF : 20,58 to 23,53 €

Situé au coeur de Paris, à deux pas de la célèbre avenue, de la rue du Faubourg Saint-Honoré et de l'avenue Montaigne, l'hôtel Le Warwick Champs-Elysées satisfait sa clientèle d'affaires ou de loisirs par sa localisation exceptionnelle et ses services de qualité. Chaque appartement est une création originale où la lumière, les teintes douces en camaïeu et l'harmonie des matières nobles jouent le luxe de la grande tradition. Les chambres et suites, calmes et spacieuses dont la plupart offrent des terrasses avec vue sur Paris et le confort contemporain. Le Swann's Bar et le restaurant "W" viennent compléter l'agrément de votre séjour.

RESERVATION CENTER  01 42 25 10 10

# Hôtel Washington Opéra

50, RUE DE RICHELIEU
75001 - PARIS
*métro : Palais Royal - Musée du Louvre*
TÉL : 01 42 96 68 06 • FAX : 01 40 15 01 12
*Amex, Visa, Master Card, Diner's, Jcb*
email : info@hotel-wo.com

In the heart of Paris, near the Louvre, Opéra, and the big department stores, this former private residence of the Marquise of Pompadour has recently been fully renovated. Behind the Louis XV style façade, are spacious rooms and suites with four-poster beds, air-conditioning and sound-proofing, marble bathrooms and all the modern conveniences. In the refined decor of the big lounge with crackling fireplace, cosy bar and terrace opening out onto the theatre and Palais-Royal gardens, you will enjoy warm, professional service.

STANDARD : 1200 to 1400 FF : 183 to 213 €
SUPERIOR : 1400 to 1600 FF : 213 to 244 €
DE LUXE OR JUNIOR SUITE : 1600 to 1800 FF : 244 to 274 €
BREAKFAST : 80 FF : 12 €

Au cœur de Paris, à proximité du Louvre, de l'Opéra, et des grands magasins, cet ancien hôtel particulier de la Marquise de Pompadour a, récemment, été entièrement rénové. Derrière la façade de style Louis XV se nichent des chambres spacieuses et des suites avec lit à baldaquin, climatisées et insonorisées, avec des salles de bains en marbre et tout le confort moderne. Dans un décor raffiné, entre grand salon avec cheminée crépitante, bar cosy et terrasse donnant sur le théâtre et les jardins du Palais-Royal, vous êtes accueillis avec chaleur et professionnalisme.

RESERVATION CENTER ✆ 01 42 25 10 10

# S.T. Dupont
### PARIS

~ *Stylo Plume*
*Olympio.*
*Laque de Chine noire*
*et Placage Palladium.*
*Plume or*
*18 carats*
*(750/000)*

*D*

LE REFLET de LA PERFECTION depuis 1872

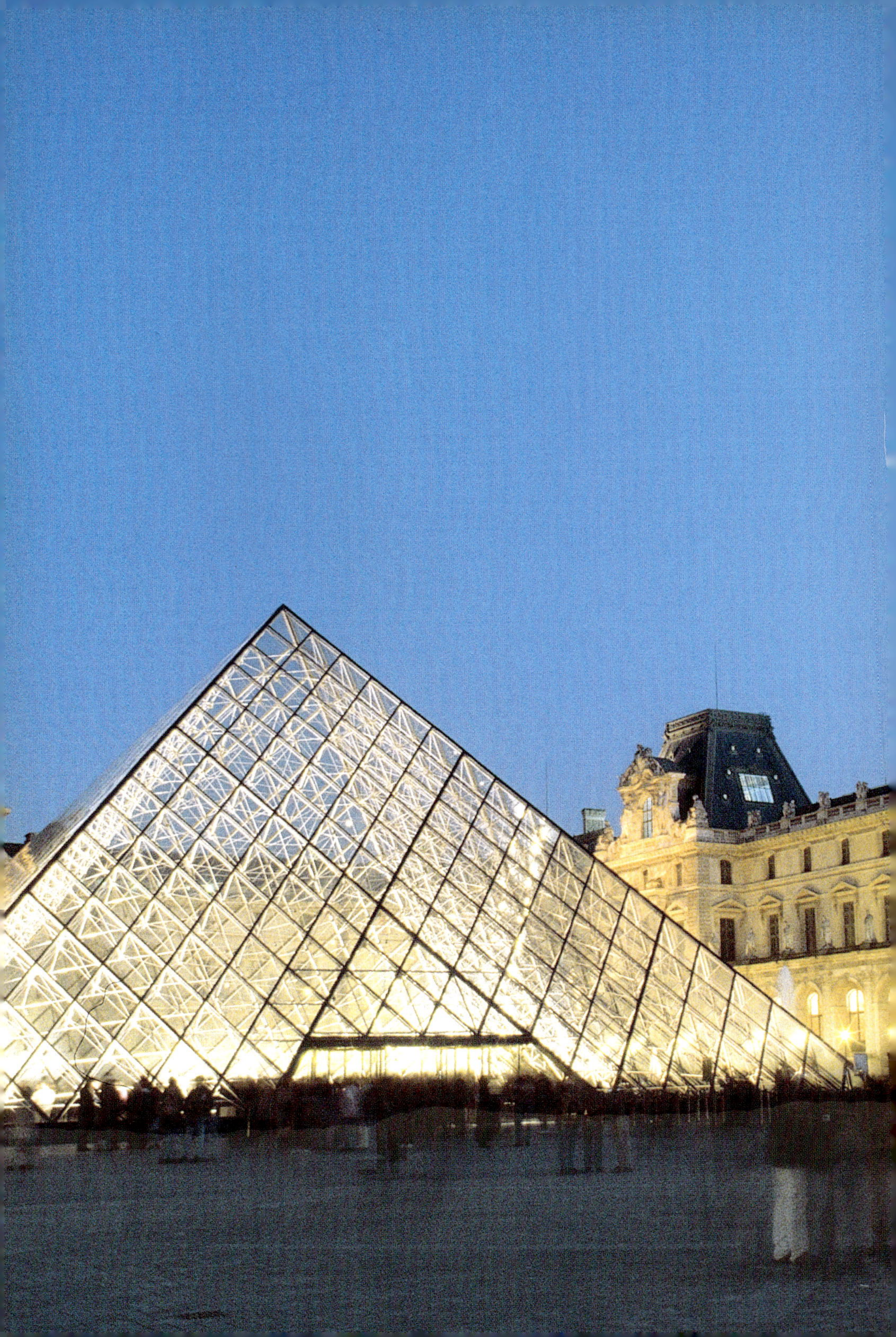

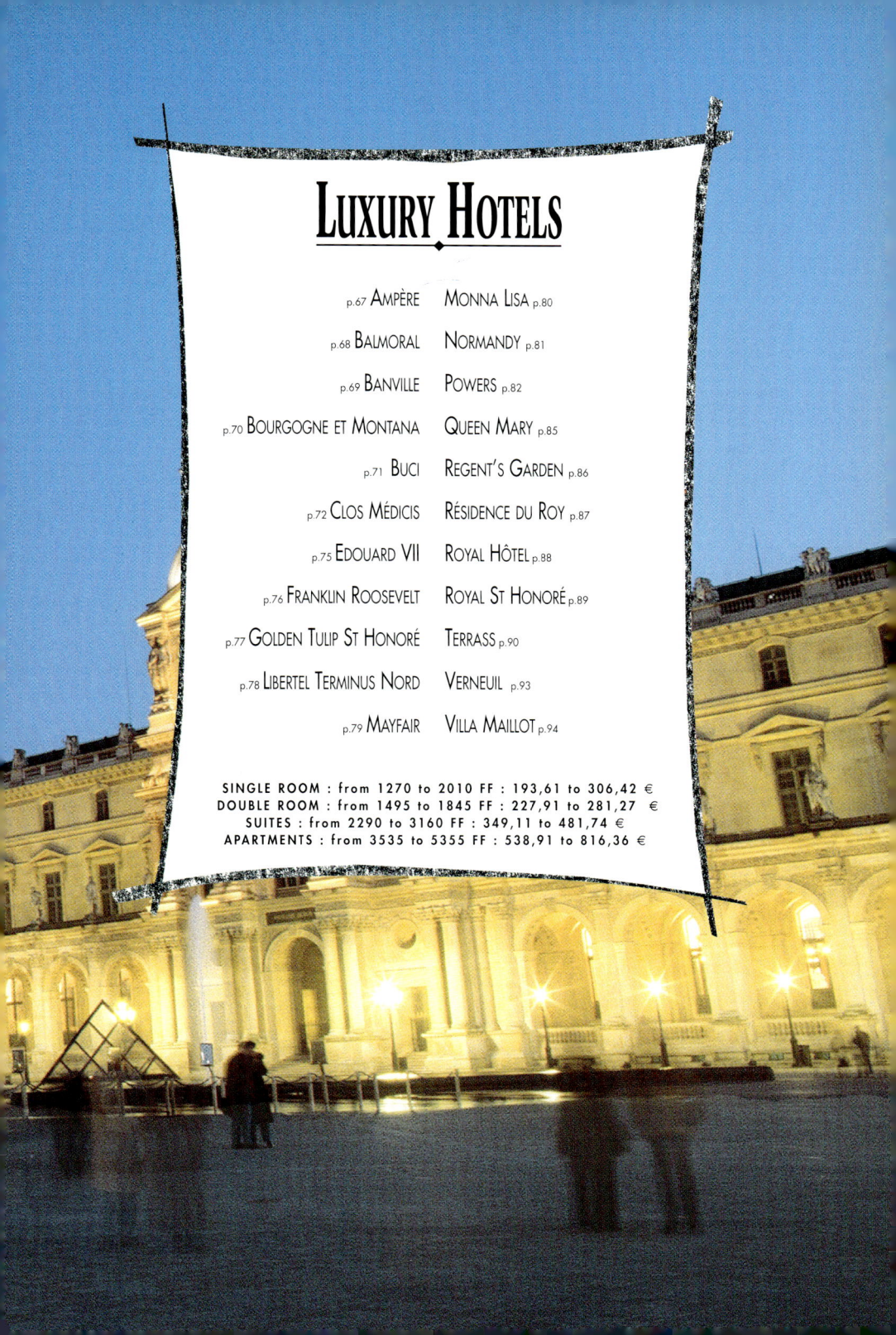

# Luxury Hotels

| | |
|---|---|
| p.67 Ampère | Monna Lisa p.80 |
| p.68 Balmoral | Normandy p.81 |
| p.69 Banville | Powers p.82 |
| p.70 Bourgogne et Montana | Queen Mary p.85 |
| p.71 Buci | Regent's Garden p.86 |
| p.72 Clos Médicis | Résidence du Roy p.87 |
| p.75 Edouard VII | Royal Hôtel p.88 |
| p.76 Franklin Roosevelt | Royal St Honoré p.89 |
| p.77 Golden Tulip St Honoré | Terrass p.90 |
| p.78 Libertel Terminus Nord | Verneuil p.93 |
| p.79 Mayfair | Villa Maillot p.94 |

**SINGLE ROOM** : from 1270 to 2010 FF : 193,61 to 306,42 €
**DOUBLE ROOM** : from 1495 to 1845 FF : 227,91 to 281,27 €
**SUITES** : from 2290 to 3160 FF : 349,11 to 481,74 €
**APARTMENTS** : from 3535 to 5355 FF : 538,91 to 816,36 €

Champagne LANSON Père & Fils
12, Boulevard Lundy - B.P. 163 - 51056 REIMS Cedex - FRANCE
Tél. 03 26 78 50 50   Fax. 03 26 78 50 99
http : // www.lansonpf.com   e-mail : info@lansonpf.com

L'ABUS D'ALCOOL EST DANGEREUX POUR LA SANTÉ. A CONSOMMER AVEC MODÉRATIO

17e

# Hôtel Ampère

102, avenue de Villiers
75017 - Paris
*métro : Pereire*
TÉL : 01 44 29 16 62 • FAX : 01 44 29 16 69
*Amex, Visa, Master Card, Diner's*
http://www.hotelampere.com - email : resa@hotelampere.com

A discreet hotel, close to Porte Maillot, a few minutes from Parc Monceau and Place de l'Etoile, which reveals its charm as soon as you walk through the door. In the heart of the prestigious Villiers quarter, this luxury hotel offers sumptuous facilities with functional rooms and modern decor. Access to the rooms is by magnetic card, and fittings include air conditioning, sound-proofing, mini-bar, hair dryer, cable TV and electric shutters. The hotel has all necessary facilities for working groups and gatherings with customisable meeting rooms opening out onto an astonishing garden.

SINGLE ROOM : 695 to 795 FF : 106 to 122 €
DOUBLE ROOM : 765 to 865 FF : 117 to 132 €

SUITE : 945 to 1125 FF : 144 to 172 €
BREAKFAST : 60 to 65 FF : 9,15 to 9,91 €

Proche de la porte Maillot, à deux pas du parc Monceau et de la place de l'Etoile, un hôtel discret qui livre son charme réel dès la porte franchie. Au cœur du prestigieux quartier Villiers, cet hôtel de grand standing présente un aménagement haut de gamme avec des chambres fonctionnelles au décor moderne : accès aux chambres avec carte magnétique, climatisation, insonorisation, mini-bar, sèche-cheveux, TV câblée. Salles de conférences modulables ouvrant sur un étonnant, inattendu et ludique jardin.

RESERVATION CENTER  01 42 25 10 10

# HÔTEL BALMORAL

6, RUE DU GÉNÉRAL LANREZAC
75017 - PARIS
*métro : Etoile*
TÉL : 01 43 80 30 50 • FAX : 01 43 80 51 56
*Amex, Visa, Master Card, Diner's*

A private hotel a few steps from the Champs-Elysées and the Place de l'Etoile which combines character with efficiency and sophistication. You will appreciate the quiet atmosphere this hotel has maintained in the midst of this area of fashionable boutiques and theatres. The rooms have recently been refurbished in elegant individual styles and are equipped with all modern conveniences, including fax and modem connection in every room. Enjoy quiet and repose in a setting in which everything has been designed for comfort.

SINGLE ROOM : 750 FF : 114,34 €
DOUBLE ROOM : 950 FF : 144,83 €

BREAKFAST : 60 FF : 9,15 €

A deux pas des Champs-Elysées et de la place de l'Etoile, un hôtel intimiste qui allie charme, efficacité et raffinement. Dans le quartier des boutiques chics et des salles de spectacle, vous apprécierez le calme qu'il a su préserver. Les chambres ont été récemment rénovées dans un style élégant et varié et bénéficient de tout le confort moderne, entièrement climatisées, avec notamment une prise fax/modem. Vous y goûterez le silence et le repos dans un lieu où tout a été conçu pour votre confort.

RESERVATION CENTER  01 42 25 10 10

## HÔTEL DE BANVILLE

166, BOULEVARD BERTHIER
75017 - PARIS
*métro : Porte de Champerret - RER Pereire*
TÉL : 01 42 67 70 16 • FAX : 01 44 40 42 77
*Amex, Visa, Master Card, Diner's, Jcb*
http://www.hotelbanville.fr - email : hotelbanville@wanadoo.fr

Ideally situated at the heart of a residential district a few minutes from the Champs-Elysées, the Porte Maillot and the Palais des Congrès, this prosperous 1930's town house combines the sophisticated comfort of a family home with the luxury of a character hotel. The decor reflects its owners: warm, welcoming and charming. Rooms all have an individual atmosphere - English, Parisian or Provençale. For a really memorable stay, try the top floor "Marie" apartment, with its slightly sloping ceiling, that overlooks the city.

SINGLE ROOM : 695 to 795 FF : 105,95 to 121,19 €
DOUBLE ROOM : 935 to 1 100 FF : 142,53 to 167,59 €

SUITE : 1525 FF : 232,48 €
BREAKFAST : 65 to 85 FF : 9,91 to 12,96 €

Idéalement situé au cœur d'un quartier résidentiel, à quelques minutes des Champs-Elysées, de la Porte Maillot et du Palais des Congrès. Cette riche demeure des années 30 conjugue le confort raffiné des maisons de famille et le luxe d'une demeure de caractère. La décoration est à l'image des propriétaires : accueillante, chaleureuse et charmante. Les chambres ont chacune leur ambiance propre : anglaise, parisienne, provençale... Si votre passage doit rester l'un de vos plus beaux souvenirs, l'appartement "Marie", légèrement mansardé, surplombe Paris.

RESERVATION CENTER  01 42 25 10 10

## Hôtel Bourgogne et Montana

3, rue de Bourgogne
75007 - Paris
*métro : Invalides/ Assemblée Nationale*
TÉL : 01 45 51 20 22 • FAX : 01 45 56 11 98
*Amex, Visa, Master Card, Diner's, Jcb*

In superb surroundings in the centre of Paris, a listed building dating from the 18th century, just opposite the Palais-Bourbon. Just a few minutes away are the Place de la Concorde, la Madeleine, the Musée d'Orsay, les Invalides and Saint-Germain-des-Prés. This is a hotel on a human scale which, with 32 air-conditioned bedrooms and suites, reveals a quintessentially Parisian charm. It is a hotel for today, a truly friendly place in which you are sure to feel absolutely at home.

SINGLE ROOM : 900 to 2000 FF : 137,20 to 304,90 €
DOUBLE ROOM : 980 to 2200 FF : 149,40 to 335,38 €
SUITE : 1800 to 2200 FF : 274,40 to 335,38 €

Dans un environnement exceptionnel, au cœur de Paris, une demeure classée qui date du XVIIIème siècle, juste en face du Palais-Bourbon. À quelques minutes, la place de la Concorde, la Madeleine, le Musée d'Orsay, les Invalides et Saint-Germain-des-Prés. Un hôtel de dimension humaine qui, avec 32 chambres et suites climatisées, au décor raffiné, bénéficiant de tout le confort, révèle sans façon tout le charme parisien. Assurément un établissement dans l'air du temps, où l'accueil est empreint de réelle gentillesse, et où vous vous sentirez comme chez vous, à la maison.

RESERVATION CENTER ✆ 01 42 25 10 10

# HÔTEL DE BUCI

22, RUE DE BUCI
75006 - PARIS
métro : Saint-Germain-Des-Prés
TÉL : 01 55 42 74 74 • FAX : 01 55 42 74 44
*Amex, Visa, Master Card, Diner's*
http://www.hotelbuci.fr - email : hotelbuci@wanadoo.fr

This brand new, very private hotel, located at the heart of the lively Saint-Germain-des-Prés quarter, welcomes you just as if you were at home. The hotel owner has finally managed to realise his dream… The rooms are all different, but share a very French sort of elegance, with solid cherry wood furniture, shimmering fabrics and gay patterned carpet. They are fitted with all modern conveniences and more besides – air-conditioning, personal safe, soundproofing, mini-bar, direct dialing telephone with answer-phone. A haven of delight and character.

**SINGLE ROOM : 1050 to 1550 FF : 160,07 to 236,30 €**
**DOUBLE ROOM : 1200 to 1950 FF : 182,94 to 297,28 €**

**BREAKFAST : 90 to 120 FF : 13,72 to 18,29 €**

Au cœur du quartier animé de Saint-Germain-des-Prés, un hôtel tout neuf à l'atmosphère intimiste, comme si vous étiez chez vous, tel que le rêvait depuis longtemps son propriétaire. Les chambres, toutes différentes, à l'élégance très française, au mobilier en merisier massif, aux tissus chatoyants et à la moquette de couleur à petits motifs, offrent tout le confort moderne, et même plus : air conditionné, coffre-fort, insonorisation, mini-bar, téléphone direct avec répondeur-enregistreur. Un havre de bonheur et de charme.

RESERVATION CENTER  01 42 25 10 10

# HÔTEL LE CLOS MÉDICIS

56, rue Monsieur Le Prince
75006 - Paris
*métro : Luxembourg*
TÉL : 01 43 29 10 80 • FAX : 01 43 54 26 90
*Amex, Visa, Master Card, Diner's, Jcb*
email : clos.médicis@compuserve.com

Real Paris lovers have their base here, a few minutes away from the Luxembourg Gardens and the Pantheon. A little haven of peace – in a residence that was built as a hotel in 1773 for the Médicis family – and which, two centuries later, has become a superb residence decorated by the Provencal inspiration of Jean-Philippe Nuel. The entrance hall has beautiful parquet flooring, all rooms are well lit, air conditioned and offer the best modern services. The cocktail lounge with fireplace extends onto a bucolic treed garden where breakfast is served in fine weather.

SINGLE ROOM : 790 to 1200 FF : 120,43 €
DOUBLE ROOM : 890 to 1200 FF : 120,43 €
TRIPLE : 1200 FF : 182,94 €
BREAKFAST : 60 FF : 9,15 €

Les vrais amoureux de Paris ont leur pied à terre ici, à quelques pas du Jardin du Luxembourg et du Panthéon. Un petit hâvre de tranquillité - dans une demeure qui fût édifiée en hôtellerie en 1773 pour la famille Médicis - et qui, deux siècles plus tard, est devenue une superbe résidence décorée des inspirations provençales de Jean-Philippe Nuel. La réception est joliment parquetée, toutes les chambres sont claires, climatisées et offrent les prestations les plus modernes. Le salon-bar avec cheminée se prolonge sur un bucolique jardin arboré qui abrite le petit-déjeuner aux beaux jours.

RESERVATION CENTER ✆ 01 42 25 10 10

Chargée d'histoire et de mystères, Marrakech, ville impériale abrite aux portes de sa médina une superbe demeure bâtie autour de deux patios verdoyants.
Entre fontaines et orangers, vous apprécierez le calme des jardins et le luxe des suites avec terrasse dominant l'Atlas et la Koutoubia.

**Assurément la nouvelle adresse à Marrakech !**

## Villa des Orangers
★★★★★

6, rue Sidi Mimoun - Marrakech
Tel : (212-4) 38 46 38 - Fax : (212-4) 38 51 23
E-mail : message@villadesorangers.com
Internet : http://www.villadesorangers.com

Hildon Ltd., Broughton, Hampshire SO20 8DG, ☎ 01794 - 301 747

# HÔTEL EDOUARD VII

39, avenue de l'Opéra
75002 - Paris
métro : Opéra - Pyramides
TÉL : 01 42 61 56 90 • FAX : 01 42 61 47 73
Amex, Visa, Master Card, Diner's
email: infos@edouardhotel.com

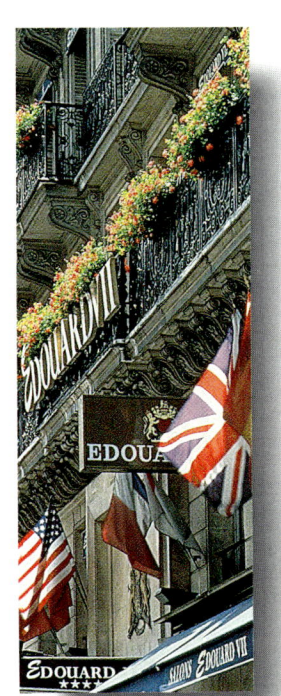

The only hotel on the avenue, with the Opéra Garnier as its prestigious neighbour, this traditional hotel with a Haussmann façade is only a few minutes from the Palais-Royal, the Comédie Française, the Louvre and Orsay museums. Here, everything has been designed for guests to experience Paris life at a relaxed pace. Each of the rooms has its own individual style (and all modern conveniences: air-conditioning, sound-proofing, cable TV, safe, mini-bar, modem plug) resulting from a unique decor that combines noble materials, refined fabrics and antique-style furniture.

SINGLE ROOM : 1200 to 1380FF : 183 to 210 €
TRADITION ROOM : 1600 to 1850 FF : 244 to 282 €
PRESTIGE ROOM : 1800 to 2050 FF : 274 to 312 €
JUNIOR SUITE : 2100 to 2400 FF : 320 to 366 €
OPERA SUITE : 2600 to 2950 FF : 396 to 450 €
BREAKFAST : 110 FF : 17 €

Seul hôtel de l'avenue, avec l'Opéra Garnier comme prestigieux voisin, cet hôtel de tradition à la façade haussmannienne est à deux pas du Palais-Royal, de la Comédie Française, des musées du Louvre et d'Orsay. On a créé ici un univers propre à vivre la capitale à son rythme. Les chambres toutes de style différent - qui disposent de tout le confort contemporain : climatisation, insonorisation, TV câblée, coffre-fort, mini-bar, prise modem - possèdent un inimitable cachet, avec leurs matériaux nobles, leurs tissus recherchés et leurs meubles fabriqués à l'ancienne.

75    RESERVATION CENTER    01 42 25 10 10

● 8e

# HÔTEL FRANKLIN ROOSEVELT

18, rue Clément Marot
75008 - Paris
*métro : Franklin Roosevelt*
Tél : 01 53 57 49 50 • fax : 01 47 20 44 30
*Amex, Visa, Master Card*
http://www.franklin-roosevelt.com - email : franklin@iway.fr

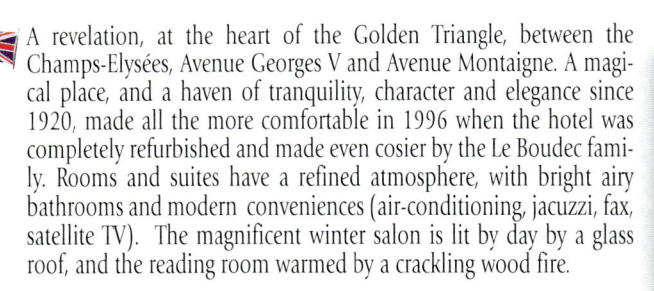

A revelation, at the heart of the Golden Triangle, between the Champs-Elysées, Avenue Georges V and Avenue Montaigne. A magical place, and a haven of tranquility, character and elegance since 1920, made all the more comfortable in 1996 when the hotel was completely refurbished and made even cosier by the Le Boudec family. Rooms and suites have a refined atmosphere, with bright airy bathrooms and modern conveniences (air-conditioning, jacuzzi, fax, satellite TV). The magnificent winter salon is lit by day by a glass roof, and the reading room warmed by a crackling wood fire.

SINGLE ROOM : 945 to 1 200 FF : 145 to 183 €
SUITE : 2500 to 2800 FF : 382 to 427 €
APARTMENT : 3000 to 3500 FF : 458 to 534 €
BREAKFAST : 75 to 120 FF : 12 to 18 €

Un hôtel à découvrir, au cœur du Triangle d'Or, entre les avenues des Champs-Elysées, George-V et Montaigne. Un lieu magique où, depuis 1920, règnent calme, charme et élégance. Grand confort assuré après la rénovation de l'hôtel sur deux étages, acquis en 1996 par la famille Le Boudec : un style très cosy, chambres et suites à l'atmosphère raffinée, salles de bains lumineuses et des équipements modernes (air conditionné, jacuzzi, fax, satellite). Le magnifique salon d'hiver éclairé a giorno par une verrière et celui de lecture avec sa cheminée crépitante complètent merveilleusement cet endroit.

Reservation center ✆ 01 42 25 10 10            76

## Hôtel Golden Tulip Saint Honoré

218-220, rue du Fbg Saint-Honoré
75008 - Paris
*métro : George V*
TÉL : 01 49 53 03 03 • FAX : 01 40 75 02 00
*Amex, Visa, Master Card, Diner's, Jcb*
http://www.gtshparis.com - email : hotel@gtshparis.com

Just a few minutes away from the Champs-Elysées and Arc de Triomphe, in the heart of the business quarter, close to the prestigious haute couture establishments and art galleries, this is a hotel which focuses on sheer comfort. Its peaceful, elegant and spacious rooms are equipped with all modern conveniences : air-conditioning, double air-glazing, satellite TV, mini-bar, hair dryer, individual safe, laundry and, dry cleaning service, private car park, fitness centre with seawater pool, the "Relais Vermeer" restaurant in a superb conservatory, the "Flying Dutchman" bar, spacious lounges for receptions and seminars.

SINGLE ROOM : 1700 FF : 259,16 €
DOUBLE ROOM : 2000 FF : 304,90 €

SUITE : 2600 FF : 396,37 €
APARTMENT : 4000 FF : 609,80 €
BREAKFAST : 110 FF : 16,77 €

A deux pas des Champs-Elysées et de l'Arc de Triomphe, au cœur du quartier des affaires, proche des prestigieuses maisons de haute couture, des galeries d'art, un hôtel qui joue la carte du grand confort. Avec ses chambres calmes, élégantes et spacieuses dotées de tous les équipements modernes : air conditionné, double vitrage, TV satellite, mini-bar, sèche-cheveux, coffre-fort individuel. Le service de blanchisserie et de teinturerie, le parking privé et le centre de remise en forme, avec piscine d'eau de mer, le restaurant "Le Relais Vermeer" sous une superbe verrière, le bar "Flying Dutchmann", les vastes salons pour les réceptions et les séminaires.

RESERVATION CENTER ✆ 01 42 25 10 10

# LIBERTEL TERMINUS NORD

12, BOULEVARD DE DENAIN
75010 - PARIS
*métro : Gare du Nord*
TÉL : 01 42 80 20 00 • FAX : 01 42 80 63 89
*Amex, Visa, Master Card, Diner's, Jcb*

An institution in the hotel world, built in 1865, opposite the historic Gare du Nord, TGV and Eurostar terminus. Now entirely refurbished and restored to its full brilliance and prestige, this hotel draws businessmen as well as tourists. The decor has a British flavour, and services are of a high standard, including porter, messenger, 24-hour room service, secretarial service and car hire. The foyer is lit by Art Nouveau stained glass windows and a large conservatory. Rooms are equipped with all modern conveniences: soundproofing, safe, mini-bar, hair drier and satellite TV. Libertel is an Accor trade name.

SINGLE ROOM : 1095,45 FF : 167 €
DOUBLE ROOM : 1131,04 FF : 177 €

SUITE : 1731 FF : 264 €
BREAKFAST : 81,99 FF : 12,5 €

Un hôtel-institution, construit en 1865, face à l'historique gare du Nord et de l'Eurostar et du TGV. Entièrement rénové, retrouvant aujourd'hui tout son éclat et son prestige, il attire autant les hommes d'affaires que les touristes. D'une décoration d'inspiration britannique, il offre des prestations et des services de haut niveau (bagagiste, chasseur, room-service 24 h sur 24, secrétariat, voiturier). S'ouvrant sur un hall éclairé par des vitraux Art Nouveau et une grande verrière, il propose des chambres avec tout le confort moderne : insonorisation, coffre-fort, mini-bar, sèche-cheveux, TV satellite. Libertel est une enseigne Accor.

RESERVATION CENTER ✆ 01 42 25 10 10

## HÔTEL MAYFAIR

3, rue Rouget De Lisle
75001 - Paris
*métro : Concorde*
TÉL : 01 42 60 38 14 • FAX : 01 40 15 04 78
*Amex, Visa, Master Card, Diner's, JCB*
email : *mayfair@club-internet.fr*

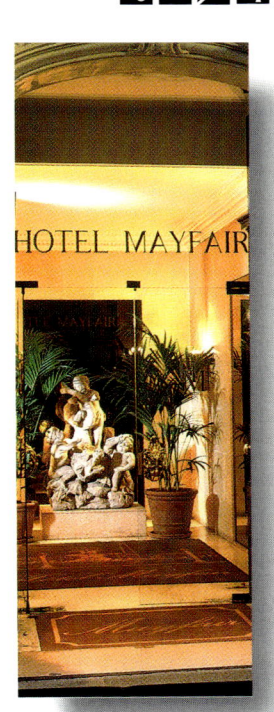

Between Place de la Concorde and the Tuileries Gardens, a few minutes away from the Champs-Elysées, Place Vendôme and Opéra Garnier, the doors of this hotel open onto a world of gentle sophistication and luxury. A feeling of well-being overtakes you in the intimacy of the rooms, meticulously decorated in soft tones. Modern comfort and customised services add to the pleasure of your stay: air-conditioning, sound-proofing, safe, cable TV, dry cleaning, room service.

SINGLE ROOM : 980 to 1280 FF : 149 to 195 €
DOUBLE ROOM : 1450 to 2350 FF : 221 to 359 €

BREAKFAST : 85 to 115 FF : 13 to 18 €

Entre place de la Concorde et Jardins des Tuileries, à quelques pas des Champs-Elysées, de la place Vendôme et de l'Opéra Garnier, les portes s'ouvrent ici - dès l'entrée - sur un monde de douceur, d'élégance et de luxe. Dans l'intimité de chambres décorées avec un soin d'orfèvre dans des chromatismes tendres, c'est une sensation de bien-être qui vous envahit. Le confort moderne et les services-maison ajoutent au plaisir de votre séjour : climatisation, insonorisation, coffre-fort, TV câblée, blanchisserie, room-service.

RESERVATION CENTER ✆ 01 42 25 10 10

8ᵉ

## HÔTEL MONNA LISA

97, RUE DE LA BOÉTIE
75008 - PARIS
*métro : Franklin Roosevelt*
TÉL : 01 56 43 38 38 • FAX : 01 45 62 39 90
*Amex, Visa, Master Card, Diner's, Jcb*
http://www.hotelmonnalisa.com - email : contact @hotelmonnalisa.com

Close to the most beautiful avenue in the world - the Champs-Elysées - this hotel is also a walking distance away from the Arc de Triomphe, the Golden Triangle of fashion, the major museums of Paris, the Tuileries Gardens and business quarter. Behind its beautiful 1860 façade, your stay will be memorable for the serenity of well-lit, modern-design rooms and suites offering the cosiness of wood, large beds, crisp linen, refined bathrooms with hydrojets, modern conveniences (fax, computer connection, mini-bar, safe, cable TV), adjoining car park and the "Caffe Ristretto" Italian restaurant-bar.

SINGLE ROOM : 1000 to 1200 FF : 152,45 to 182,94 €
DOUBLE ROOM : 1200 FF : 182,94 €

JUNIOR SUITE : 1500 FF : 228,67 € - SUITE : 2000 FF : 304,90 €
BREAKFAST : 90 to 150 FF : 13,72 to 22,57 €

Proche de la plus belle avenue du monde, les Champs-Elysées, un hôtel qui est aussi à portée de pas de l'Arc de Triomphe, du Triangle d'Or de la mode, des grands musées parisiens, du Jardin des Tuileries et du quartier des affaires. Derrière sa jolie façade 1860, votre séjour sera rythmé avec sérénité dans des chambres et suites au design contemporain clair. Chaleur du bois, grands lits, fraîcheur du linge, raffinement des salles de bains avec hydrojets, équipements modernes (fax, connexion ordinateur, mini-bar, coffre-fort, télévision câblée), parking voisin et "Caffe Ristretto", restaurant-bar aux saveurs italiennes.

RESERVATION CENTER ✆ 01 42 25 10 10        80

# Normandy Hôtel

7, rue de l'Echelle
75001 - Paris
*métro : Palais Royal -Pyramides*
tél : 01 42 60 30 21 • fax : 01 42 60 45 81
*Amex, Visa, Master Card, Diner's, JCB*
email : contact@normandyhotelparis.com

A charming traditional hotel located in the heart of historical Paris, a few steps away from Opéra Garnier, the big department stores, the Comédie-Française and Louvre museum. Stylish rooms combine elegance, comfort, modern conveniences and refinement. Gastronomic pleasures await you in the discreet setting of the restaurant "L'Echelle", and, to relax or participate in a friendly meeting, the intimate atmosphere of the bar adds to your enjoyment.

SINGLE ROOM : 1410 FF : 214,95 €
DOUBLE ROOM : 1830 FF : 278,98 €
SUITE : 2450 FF : 373,50 €
BREAKFAST : 130 FF : 19,82 €

Un hôtel de charme et de tradition qui est situé au cœur du Paris historique, à deux pas de l'Opéra Garnier, des Grands Magasins, de la Comédie-Française et du musée du Louvre. Les chambres de style allient élégance, confort, modernisme et raffinement. Le plaisir du palais se retrouve dans le cadre discret du restaurant "L'Echelle" et, pour la détente ou la convivialité d'une réunion, l'atmosphère intimiste du bar est un atout supplémentaire.

Reservation center ✆ 01 42 25 10 10

# Hôtel Powers

52, rue François 1er
75008 - Paris
*métro : Franklin Roosevelt*
tél : 01 47 23 91 05 • fax : 01 49 52 04 63
*Amex, Visa, Master Card, Diner's, Jcb*
email : power@club-internet.fr

The Champs-Elysées, the Grand Palais and Petit Palais, Montaigne Avenue and its haute couture establishments, such is the environment of this hotel built at the turn of the century. Ever since, it has upheld the finest Parisian hotel tradition in the art of receiving guests. In addition to its refined decor, the care and courtesy of the staff give the hotel a special appeal. From the cosy lounges to the individually decorated rooms and the atmosphere of its bar, this is a privileged place of residence offering elegance and comfort. The rooms are equipped with all modern conveniences.

SINGLE ROOM : 585 to 1365 FF : 89,18 to 208,09 €
DOUBLE ROOM : 975 to 1560 FF : 148,63 to 237,82 €

SUITE : 1800 FF : 274,40 €
BREAKFAST : 80 to 110 FF : 12,20 to 16,77 €

Les Champs-Elysées, les Grand et Petit Palais, l'avenue Montaigne et ses maisons de haute couture, voilà l'environnement de cet hôtel créé au début du siècle. Depuis, on y cultive toujours l'art de recevoir selon la grande tradition hôtelière parisienne. Son décor raffiné, l'attention et la courtoisie de son personnel le rendent attachant. De ses salons très cosy à ses chambres de style personnalisées en passant par son bar d'ambiance, c'est un lieu privilégié de résidence, élégant et confortable. Chambres avec climatisation, coffre-fort, TV câblée et mini-bar.

RESERVATION CENTER ✆ 01 42 25 10 10

# S.T. Dupont
## PARIS

~ Stylo Plume Olympio.
*Laque de Chine noire et Palladium. Plume or 18 carats (750/000).*
**Briquet Urban.**
*Placage Palladium.*
**Porte-billets Géométrie**
*en veau lisse.*

𝒟

LE REFLET de LA PERFECTION depuis 1872

## L'ART EN PLUS
### SERGE MANSAU

ORGANISATION D'EVENEMENTS

EXCEPTIONNELS POUR VALORISATION

D'ENTREPRISES OU DE PRODUITS

PAR UN GESTE ARTISTIQUE

SEGESTE, 9 RUE DE L'ANCIENNE MAIRIE 92100 BOULOGN
Tél: 01 48 25 40 50  FAX: 01 30 54 36 37

## HÔTEL QUEEN MARY

9, RUE DE GREFFULHE
75008 - PARIS
*métro : Madeleine*
TÉL : 01 42 66 40 50 • FAX : 01 42 66 94 92
*Amex, Visa, Master Card, Diner's, Jcb*
http://www.hotelqueenmary.com - email : hotelqueenmary@wanadoo.fr

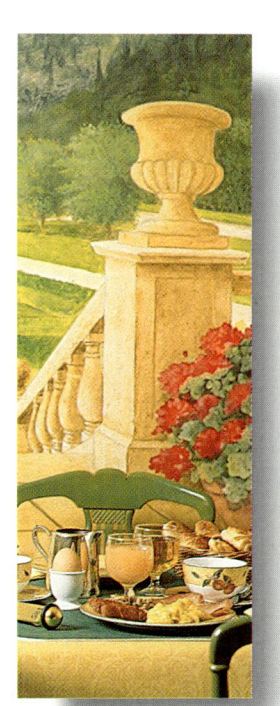

In a tranquil street, a charming hotel on a human scale. Away from the bustling boulevards, it is strategically located between La Madeleine, the department stores and the Opéra Garnier. Completely renovated, the scene is set as you walk through the door, with a soft blue and yellow colour scheme, moulded ceilings, luxuriously deep armchairs and sofas, a pleasant bar to relax in – or try the patio instead. The rooms have every modern comfort, and a carafe of sherry awaits as a welcome gift. A hotel for today's lifestyle.

SINGLE ROOM : 780 FF : 118,91 €
DOUBLE ROOM : 915 to 995 FF : 139,49 to 151,87 €
SUITE : 1400 FF : 213,43 €
BREAKFAST : 85 FF : 12,96 €

Dans une rue pleine de quiétude, voilà un hôtel de charme à dimension humaine. Protégé de l'effervescence des grands boulevards, il occupe une position privilégiée entre l'église de la Madeleine, les grands magasins et l'Opéra Garnier. Dès l'entrée, entièrement rénovée, le ton est donné avec un décor aux chromatismes tendres jaune et bleu, les plafons à moulures, les fauteuils et sofas moelleux et profonds, le bar idéal pour la détente autant que le patio fleuri. En signe de bienvenue, une carafe de xérès vous est proposée. Un hôtel bien dans l'air du temps.

RESERVATION CENTER  01 42 25 10 10

## Hôtel Regent's Garden
### Best Western

6, rue Pierre Demours
75017 - Paris
*métro : Charles de Gaulle Etoile*
TÉL : 01 45 74 07 30 • FAX : 01 40 55 01 42
*Amex, Visa, Master Card, Diner's*
e-mail : hotel.regents.garden@wanadoo.fr

An unique town house, built by Napoleon III for his physician, only a few steps from the Champs-Elysées. The pastoral garden, where you can breakfast to the sound of bird song on fine days provides a haven of peace at the legendary heart of Paris. The rooms with their moulded plaster ceilings and antique furniture are all equipped with the latest facilities: air-conditioning, cable TV and computer connection.

SINGLE ROOM : 730 to 1400 FF : 111,29 to 213,43 €
DOUBLE ROOM : 800 to 1 500 FF : 121,90 to 228,07 €

BREAKFAST : 55 FF : 8,38 €
PARKING : 60 FF : 9,15 €

A deux pas des Champs-Elysées, un hôtel particulier unique qui fut construit par Napoléon III pour son médecin. Le chant des oiseaux, le jardin bucolique où, dès les beaux jours, vous pourrez prendre votre petit déjeuner, et sur lequel s'ouvrent certaines chambres, vous avez là un havre de paix au cœur mythique de la capitale. Les appartements aux plafonds moulurés et aux meubles anciens sont tous équipés du confort le plus moderne : air conditionné, TV par câble et prise ordinateur.

RESERVATION CENTER ✆ 01 42 25 10 10

8ᵉ

# Hôtel la Résidence du Roy

8, rue François 1er
75008 - Paris
*métro : Franklin Roosevelt*
TÉL : 01 42 89 59 59 • FAX : 01 40 74 07 92
*Amex, Visa, Master Card, Diner's*
http://www.hroy.com/rdr- email :rdr@hroy.com

A character hotel at the heart of the Golden Triangle, between the Champs-Elysées and the Place de la Concorde, a few steps from the Grand and Petit Palais and the prestigious Avenue Montaigne boutiques, that provides all the services of a four-star establishment. The rooms, duplex apartments and 45m2 suites - some of which have an independent kitchenette - with marble bathrooms, are all elegantly decorated and equipped with all modern conveniences: air-conditioning, safe, mini-bar, cable TV and choice of films. A fully equipped function room is available for presentations and seminars.

**SINGLE ROOM : 1500 FF : 228,67 €**

**SUITE 2 ROOMS : 2000 F : 304,90 €
APARTMENT DUPLEX : 3000 to 3600 FF : 457,35 to 548,82 €
BREAKFAST : 105 FF : 16,01 €**

Au cœur du Triangle d'Or, entre Champs-Elysées et Concorde, à quelques pas des Grand et Petit Palais et des prestigieuses boutiques de mode de l'avenue Montaigne, une demeure de charme où l'on vous offre tous les services d'un hôtel quatre étoiles. Les chambres et duplex, les suites de 45m2 (certaines disposent d'une kitchenette indépendante), aux salles de bain en marbre, toutes décorées avec élégance, bénéficient de tout le confort contemporain : air conditionné, coffre-fort, mini-bar, TV câblée et diffusion de films, accès internet. Un salon équipé permet de tenir conférences et séminaires.

RESERVATION CENTER  01 42 25 10 10

# Royal Hôtel

33, avenue de Friedland
75008 - Paris
*métro : Charles de Gaulle - Étoile*
Tél : 01 43 59 08 14 • Fax : 01 45 63 69 92
*Visa, Master Card, Diner's*
http://www.hroy.com/royal-hotel - email : rh@hroy.com

Only a few steps from the Arc de Triomphe and the Champs-Elysées a 19th century residence has been entirely refurbished to offer you the charm of the world's most famous avenue. Charm and elegance combine with unobtrusive luxury in the great tradition of Paris hotels. Particular attention has been given to the comfort of the rooms, decorated in soft colours, with marble bathrooms, which are equipped with a mini-bar, hair drier, satellite TV and computer connection. The large breakfast room and lounge / bar are ideal for relaxation and for business meetings.

STANDARD ROOM : 1600 to 1800 FF : 243,92 to 274,41 €
DELUXE ROOM : 2000 to 2200 FF : 304,90 to 335,39 €
APARTMENT : 2800 FF : 426,86 €
BREAKFAST : 110 FF : 16,77 €

A quelques pas de l'Arc de Triomphe et des Champs-Elysées, une demeure du XIXème siècle qui a été entièrement rénovée et vous offre l'agrément de la plus célèbre avenue du monde. Charme et élégance se marient avec un luxe discret et la grande tradition hôtelière parisienne. Le confort des chambres aux chromatismes tendres, avec des salles de bains en marbre, a été particulièrement étudié : mini-bar, sèche-cheveux, TV satellite, connexion ordinateur. La grande salle du petit déjeuner et le salon-bar sont deux lieux privilégiés pour les moments de détente et les rendez-vous d'affaires.

Reservation center ✆ 01 42 25 10 10

# Hôtel Royal Saint Honoré

221, rue Saint-Honoré
75001 - Paris
*métro : Tuileries*
TÉL : 01 42 60 32 79 • FAX : 01 42 60 47 44
*Amex, Visa, Master Card, Diner's, Jcb*
http://www.hotel-royal-st-honore.com/rsh - email : rsh@royal-st-honore.com

In the historic heart of Paris, a few steps away from the Tuileries Gardens, the Opéra Garnier, the Louvre museum, Place Vendôme and the big department stores, this character residence, fully air conditioned and sound-proofed, combines traditional elegance and modern comfort. The reception lounge, the service, both personal and professional, the rooms and suites tastefully decorated and equipped with all modern conveniences (cable and pay TV, Playstation and internet) and the marble bathrooms make this hotel an ideal place for a stay in Paris.

SINGLE ROOM : 1600 to 1850 FF : 243,92 to 282,03 €
DOUBLE ROOM : 1850 to 2100 FF : 282,03 to 320,14 €

SUITE : 2850 FF : 434,48 €
BREAKFAST : 105 FF : 16,01 €

Au cœur du Paris historique, à deux pas du Jardin des Tuileries, de l'Opéra Garnier, du musée du Louvre, de la place Vendôme et des grands magasins, une demeure de charme entièrement climatisée et insonorisée qui allie élégance traditionnelle et confort moderne. Le salon d'accueil, le service personnalisé autant que professionnel, les chambres et les suites décorées avec raffinement, et dotées du confort le plus moderne (télévision câblée équipée de Pay-TV, PlayStation et Internet), les salles de bains en marbre font de cet hôtel un lieu idéal pour les séjours parisiens.

RESERVATION CENTER ☎ 01 42 25 10 10

## Terrass Hôtel

12, rue Joseph de Maistre
75018 - Paris
*métro : Place de Clichy*
TÉL : 01 46 06 72 85 • FAX : 01 42 52 29 11
*Amex, Visa, Master Card, Diner's, Jcb*
http://www.terrass-hotel.com - email : terrass@francenet.fr

Located on a level with the Montmartre hill in the Abbesses quarter, 15 minutes away from the Opéra and Champs-Elysées, the Terrass 4-star hotel offers you a stunning view of Paris, the pleasurable luxury of opulent rooms and apartments, all individually decorated with refined bathrooms. From the harmony of the decor to the modern conveniences and warm personalised service, everything has been designed for your comfort and well-being. A whole floor has even been reserved for non-smokers. The superb terrace houses a restaurant as soon as the weather permits.

SINGLE ROOM : 920 to 1320 FF : 145,25 to 201,23 €
DOUBLE ROOM : 1390 to 1540 FF : 211,90 to 234,57 €
SUITE : 1860 FF : 283,56 €
BREAKFAST : 75 FF : 11,40 €

Situé sur la Butte Montmartre dans le quartier des Abbesses, à 15 minutes de l'Opéra et des Champs-Elysées, le Terrass, hôtel 4 étoiles, vous offre, outre une vue imprenable sur Paris, le luxe souriant de chambres cossues et d'appartements personnalisés, tous aux salles de bain raffinées. De l'harmonie du décor à la modernité des équipements et à l'accueil chaleureux et personnalisé, tout a été pensé pour votre bien-être et votre confort. Un étage entier a même été réservé aux non-fumeurs. La superbe terrasse accueille un restaurant dès les beaux jours venus, pour profiter de la vue.

RESERVATION CENTER ✆ 01 42 25 10 10

**CHÂTEAU DE VERSAILLES**

# Les Fêtes deNUIT

**Bassin de Neptune**
Rêves de roi
Les 1er, 8, 22
et 29 juillet
Le 26 août
Les 2 et 9
septembre 2000

ESERVATION FNAC : 0 803 808 803 - INFORMATION : 01 30 83 78 88    Libération   fnac

*J'aime le beau  J'aime le beau*
*J'aime le beau  J'aime le beau*
*J'aime le beau  J'aime le beau*
*J'aime le beau  J'aime le beau*
*J'aime le beau  J'aime le beau*
*J'aime le beau  J'aime le beau*
*J'aime le beau  J'aime le beau*
*J'aime le beau  J'aime le beau*
*J'aime le beau  J'aime le beau*
*J'aime le beau  J'aime le beau*
*J'aime le beau  J'aime le beau*

# BEAUTÉRAMA en parle

la Seule Revue du Beau dans l'Univers des Cosmétiques et des Parfums
19, rue Ernest Deloison - 92200 Neuilly
Tél.: 01 47 47 63 76 - Fax : 01 47 47 59 06

## HÔTEL VERNEUIL

8, RUE DE VERNEUIL
75007 - PARIS
*métro : Rue du Bac*
TÉL : 01 42 60 82 14 • FAX : 01 42 61 40 38
*Amex, Visa, Master Card, Diner's*
http://www.france-hotel-guide.com - email : verneuil@cybercable.fr

Housed in an old 17th century building, in a quiet street at the heart of the most desirable area of Paris. Saint-Germain-des Prés, The Louvre and Orsay museums and all the fashionable shops are within a few minutes' walk. To come to the Verneuil is like stepping into a town house. The small lounge has the atmosphere of a family home, and the 26 rooms are all individually decorated with refinement and equipped with a fully furnished beige marble bathroom, mini-bar, personal safe, and cable TV with international channels. Much appreciated by regular guests.

SINGLE ROOM : 690 FF : 105,19 €
DOUBLE ROOM : 750 to 1030 FF : 114,34 to 157,02 €

BREAKFAST : 60 FF : 9,15 €

Situé dans un vieil immeuble du XVIIe, dans une rue calme, au cœur du quartier le plus recherché de Paris. Saint-Germain-des-Prés, le Louvre, le Musée d'Orsay, et toutes les boutiques à la mode sont situées à quelques minutes à pied. Venir au Verneuil, c'est comme franchir le pas d'un hôtel particulier. Le petit salon ressemble à celui d'une maison de famille, et les 26 chambres sont toutes décorées de façon différente, très raffinées et équipées de salles de bain complètes en marbre beige, d'un mini-bar, d'un coffre personnel et de la télévision câblée avec les chaînes internationales. La clientèle d'habitués ne s'y trompe pas.

RESERVATION CENTER  01 42 25 10 10

# HÔTEL LA VILLA MAILLOT

143, AVENUE MALAKOFF
75116 - PARIS
métro : Porte Maillot
TÉL : 01 53 64 52 52 • FAX : 01 45 00 60 61
Amex, Visa Eurocard,Master Card, Diner's, Jcb
http://www.lavillamaillot.fr - email : resa@lavillamaillot.fr

Class... calm... discretion, Ghislaine Abinal makes a point of making her guests feel at home. A few steps away from the Bois de Boulogne and the Champs-Elysées, conveniently close to the Palais des Congrès and La Défense, this parisian town house with its modern Art Deco designed by Patrick Ribes, offers excellent comfort : perfect soundproofing, rooms equipped with all new technology, interactive television, dual phone line, voice mail, marble bathrooms where every little detail counts that make this a warm and friendly place.

SINGLE ROOM : 1700 FF : 259,16 €
DOUBLE ROOM : 1950 FF : 297,28 €
SUITE : 2500 to 2700 FF : 381,12 to 411,61 €
BREAKFAST : 95 to 120 FF : 14,48 to 18,29 €

Elégance... quiétude... discrétion, Ghislaine Abinal s'est appliquée à lui donner une âme. A quelques pas du Bois de Boulogne et des Champs-Elysées, tout proche du Palais des Congrès et de La Défense, cette maison particulière «Art Déco Moderniste» signée Patrick Ribes, offre tous les conforts : insonorisation parfaite, chambres dotées d'un téléviseur interactif, double ligne téléphonique, messagerie vocale, salles de bain en marbre... avec un tel souci du détail qui font de cet hôtel de charme un lieu chaleureux et convivial.

RESERVATION CENTER  01 42 25 10 10   94

Hildon Ltd., Broughton, Hampshire SO20 8DG, ☎ 01794 - 301 747

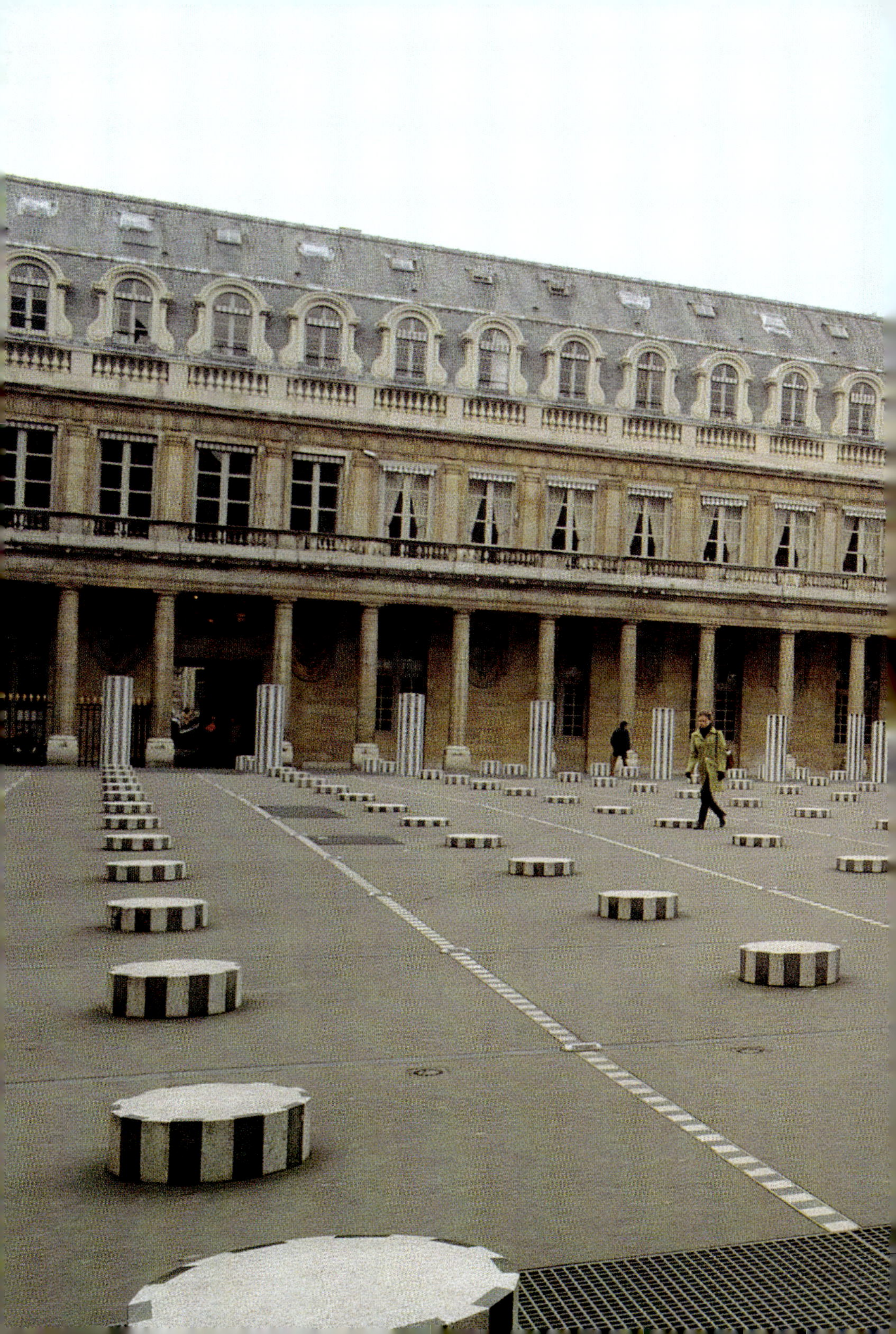

# CONTEMPORARY AND CHARMING

| | |
|---|---|
| p. 99 ANJOU LAFAYETTE | OPÉRA CADET p. 112 |
| p. 100 ATELIER MONTPARNASSE | PAVILLON BASTILLE p. 113 |
| p. 101 CAMBON | PAVILLON MONCEAU p. 114 |
| p. 102 CONTINENT | PRINCESSE CAROLINE p. 115 |
| p. 103 CORDÉLIA | RASPAIL MONTPARNASSE p. 116 |
| p. 104 DUQUESNE EIFFEL | RELAIS BOSQUET p. 117 |
| p. 105 EBER MONCEAU | RÉSIDENCE IMPÉRIALE p. 118 |
| p. 106 FRANCE D'ANTIN | SAINTE BEUVE p. 119 |
| p. 107 GALILÉO | TOURVILLE p. 120 |
| p. 108 LAUTREC OPÉRA | VIGNON p. 121 |
| p. 109 LAVOISIER | VILLA ALLESSANDRA p. 122 |
| p. 110 LITTLE PALACE | LA VILLA p. 123 |
| p. 111 NEWTON OPÉRA | |

**SINGLE ROOM** : from 795 to 930 FF : 121,20 to 141,78 €
**DOUBLE ROOM** : from 940 to 1125 FF : 143,30 to 171,51 €
**SUITES** : from 1580 to 1815 FF : 240,87 to 276,69 €

Les clubs **VITATOP** de Paris vous offrent, dans des cadres prestigieux et feutrés, un service privilégié où sport, détente et convivialité sont les maîtres mots.

**Ouverts tous les jours.**
**Abonnement à l'année ou au trimestre.**
**Forfait journalier : 200 frs.**

Paris **VITATOP** clubs offer you a privileged service in prestigious and luxurious surroundings, where sport, relaxation and conviviality are the operative words.

**Open seven days a week.**
**Yearly or three-monthly subscription.**
**Daily rate: FF. 200.**

**VITATO**

### VITATOP PLEIN CIEL

22ᵉ étage de l'hôtel Sofitel
8, rue Louis-Armand, 75015 Paris
Tél. : 01 45 54 79 00
Métro : Balard

### VITATOP MAILLOT

Hôtel Concorde Lafayette
1, place du Général-Koening, 75017 Paris
Tél. : 01 40 68 00 21
Métro : Porte Maillot

# Hôtel Anjou Lafayette
## Best Western

4, rue Riboutte
75009 - Paris
*métro : Cadet*
Tél : 01 42 46 83 44 • Fax : 01 48 00 08 97
*Amex, Visa, Master Card, Diner's, Jcb*
email : *hotel.anjou.lafayette@wanadoo.fr*

In the heart of the business and tourist district of Paris, opposite Square Montholon, close to the department stores and the Gare du Nord - with its Eurostar terminal and connections to Charles de Gaulle Airport and Le Bourget and Villepinte exhibition centres - the Opéra Garnier and the Louvre, an elegant, stylish hotel with every modern comfort. All bedrooms have satellite channels. The reception lounge and the vaulted breakfast room add to the pleasure of your stay.

SINGLE ROOM : 495 to 650 FF : 75,46 to 99,09 €
DOUBLE ROOM : 630 to 750 FF : 96,04 to 114,33 €

TRIPLE ROOM : 750 to 850 FF : 114,33 to 129,58 €
BREAKFAST : 50 FF : 7,62 €

Au cœur du Paris des affaires et du tourisme, face au square Montholon, proche des Grands Magasins et de la Gare du Nord (terminal Eurostar, liaisons vers l'aéroport Charles-de-Gaulle et les parcs d'expositions du Bourget et de Villepinte), de l'Opéra Garnier et du Musée du Louvre, un hôtel élégant et feutré qui bénéficie de tout le confort contemporain. Les chambres sont notamment équipées de chaines satellite. Le salon d'accueil et la salle voûtée du petit déjeuner viennent compléter le plaisir de séjourner ici.

Reservation center  01 42 25 10 10

# Hôtel Atelier Montparnasse

49, rue Vavin
75006 - Paris
*métro : Vavin*
TÉL : 01 46 33 60 00 • FAX : 01 40 51 04 21
*Amex, Visa, Master Card, Diner's, Jcb*
htp//www.l.ateliermontparnasse.com
email : ateliermontparnasse.com

This character hotel on the Left Bank, between Saint-Germain-des-Prés and Montparnasse, next to the famous "La Coupole" brasserie and "Le Dôme" marine restaurant, retains the nostalgic and personal atmosphere of Montparnasse with its painters and sculptors - its bathrooms are decorated with mosaic reproductions of the most famous paintings of the period. The 17 rooms are all soundproofed and offer all modern conveniences, including colour television, mini-bar and direct dialing telephone. A delightful private lounge is also available to guests.

SINGLE ROOM : 700 FF : 106,71 €
DOUBLE ROOM : 820 FF : 125,01 €
SUITE : 1100 FF : 167,69 €
BREAKFAST : 50 FF : 7,62 €

Sur la Rive Gauche, entre Saint-Germain-des-Prés et Montparnasse, voisin de la célèbre brasserie "La Coupole" et du restaurant marin "Le Dôme", cet hôtel de charme entretient la nostalgie et l'atmosphère intimiste du Montparnasse des peintres et des sculpteurs avec, dans les salles de bains, des reproductions en mosaïques des plus célèbres tableaux de l'époque. Les 17 chambres, toutes insonorisées, offrent aussi tout le confort moderne, télévision couleur, mini-bar et téléphone direct. Un délicieux salon privé est également à votre disposition.

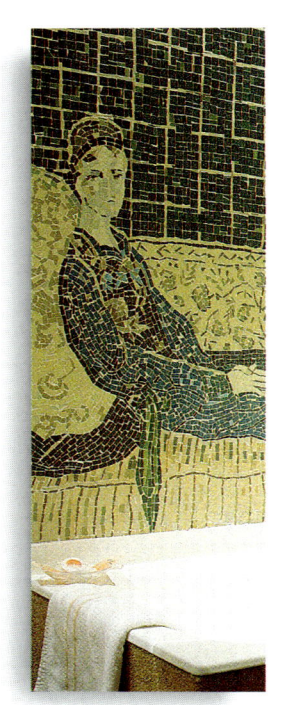

RESERVATION CENTER  01 42 25 10 10

# Hôtel Cambon

3, rue Cambon
75001 - Paris
*métro : Concorde*
Tél : 01 44 58 93 93 • Fax : 01 42 60 30 59
*Amex, Visa, Master Card, Diner's*
http://www.hotel-cambon.com - email : cambon@cybercable.fr

An independently run hotel with 40 elegant and discreetly decorated bedrooms, conveniently situated close to the fashion houses – Chanel and Hermès close by – the business centres and the best in French culture, just a few minutes from the Faubourg Saint-Honoré, the Champs-Elysées, Place Vendôme, the Opéra Garnier, the Louvre and the Musée d'Orsay. Enjoy the warm, relaxing atmosphere, the individually decorated, functional bedrooms and small suites, the bright bathrooms with their clean lines, and the comfortable lounges for a quiet chat.

SINGLE ROOM : 1280 to 1480 FF : 195 to 225 €
DOUBLE ROOM : 1580 to 1730 FF : 240 to 263 €
SUITE : 2100 to 2380 FF : 320 to 365 €
BREAKFAST : 80 FF : 12 €

Un hôtel indépendant de 40 chambres, élégant et sobre, avec une situation privilégiée au cœur du Paris de la mode - Chanel et Hermès sont à deux pas -, des affaires et de l'art de vivre à la française, à quelques minutes du Faubourg Saint-Honoré, des Champs-Elysées, de la place Vendôme, de l'Opéra Garnier, des musées du Louvre et d'Orsay. Pour bénéficier d'une ambiance chaleureuse et feutrée, des chambres et petites suites personnalisées et fonctionnelles, des salles de bains lumineuses et pures, des salons d'accueil confortables pour converser en toute tranquillité.

Reservation center  01 42 25 10 10

## Hôtel du Continent

30, rue du Mont-Thabor
75001 - Paris
métro : Concorde
TÉL : 01 42 60 75 32 • FAX : 01 42 61 52 22
Amex, Visa, Master Card, Diner's
http://www.hotelducontinent.com - email : continen@cybercable.fr

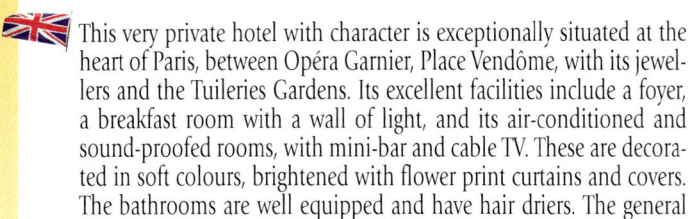

This very private hotel with character is exceptionally situated at the heart of Paris, between Opéra Garnier, Place Vendôme, with its jewellers and the Tuileries Gardens. Its excellent facilities include a foyer, a breakfast room with a wall of light, and its air-conditioned and sound-proofed rooms, with mini-bar and cable TV. These are decorated in soft colours, brightened with flower print curtains and covers. The bathrooms are well equipped and have hair driers. The general atmosphere is warm and friendly.

SINGLE ROOM : 750 to 850 FF : 115 to 130 €
DOUBLE ROOM : 950 to 1050 FF : 145 to 160 €
SUITE : 1450 FF : 221 €
BREAKFAST : 55 to 60 FF : 8,5 to 9,15 €

Au cœur de Paris, entre Opéra Garnier, place Vendôme et ses joailliers et Jardin des Tuileries, une situation exceptionnelle pour un hôtel intimiste de charme qui offre un excellent confort. Le hall d'accueil, la salle du petit déjeuner éclairée d'un mur de lumière, les chambres climatisées et insonorisées - avec mini-bar et TV câblée -, aux chromatismes doux égayées de couvre-lits et de rideaux fleuris et les salles de bains bien équipées - sèche-cheveux - donnent à l'ensemble une ambiance chaleureuse et sympathique.

RESERVATION CENTER  01 42 25 10 10

## Hôtel Cordelia

11, rue de Greffulhe
75008 - Paris
*métro : Madeleine*
TÉL : 01 42 65 42 40 • FAX : 01 42 65 11 81
Amex, Visa, Master Card, Diner's
email : hotelcordelia@wanadoo.fr

A charming, cosy hotel, which takes its name from a famous personage who inspired Marcel Proust, the Duchess of Guermantes, who held one of the most brilliant literary salons in Paris. You will be made to feel absolutely at home by Claudine Marche, who simply loves receiving guests – it is her life's passion. The beautifully decorated bedrooms have relaxing colour schemes, are all air-conditioned and equipped with satellite television (12 European channels and CNN). The buffet breakfast room has exposed stone walls and you can sit by the fireside and enjoy all the charm of the lounge with its rich woodwork.

SINGLE ROOM : 710 to 850 FF : 108,24 to 129,58 €
DOUBLE ROOM : 780 to 950 FF : 118,91 to 144,83 €

BREAKFAST : 60 FF : 9,15 €

Une maison particulière, charmeuse et intimiste, doit son nom à un personnage célèbre qui inspira Marcel Proust, la duchesse de Guermantes, qui tenait l'un des plus brillants salons de Paris. Vous y serez reçus comme chez vous par Claudine Marche, qui possède comme nulle autre le goût et la passion de recevoir. Les chambres sont joliment décorées, toutes climatisées et équipées de la télévision satellite (12 chaînes européennes et CNN), le petit déjeuner-buffet est servi dans une cave voutée aux pierres apparentes et le salon boisé, avec cheminée, permet de flâner au coin du feu.

RESERVATION CENTER 01 42 25 10 10

## HÔTEL DUQUESNE EIFFEL

23, AVENUE DUQUESNE
75007 - PARIS
métro : Ecole Militaire
TÉL : 01 47 05 41 86 • FAX : 01 45 55 54 76
Amex, Visa, Master Card, Diner's, Jcb
http://www.DuquesneEiffel.com - email : Hotel@duquesneEiffel.com

Here is an hotel at the foot of the Eiffel Tower and the Champ de Mars, at the heart of one of the most prestigious districts in Paris that includes the Invalides, the Rodin museum, the Unesco building and the Village Suisse, that welcomes you in a warm and elegant setting. The very comfortable rooms are full of character, and have been recently refurbished with the greatest sophistication. Breakfast is served in the rooms, or at a buffet beneath an authentic 18th century vaulted stone ceiling. The lounge with its timbered ceiling and stone walls and a private bar in an "Old Paris" decor, round off the pleasure of your stay.

SINGLE ROOM : 620 to 890 FF : 94,52 to 135,68 €
DOUBLE ROOM : 698 to 950 FF : 106,41 to 144,83 €

BREAKFAST : 50 FF : 7,62 €

Au pied de la Tour Eiffel et du Champ de Mars, au cœur d'un des plus prestigieux quartiers de la capitale qui abrite les Invalides, le musée Rodin, le Palais de l'Unesco et le Village Suisse, voilà un hôtel qui vous accueille dans un cadre chaleureux et élégant. Les chambres de caractère, récemment rénovées avec le plus grand raffinement, offre le meilleur confort. Le petit déjeuner servi en chambre ou au buffet, sous une authentique voûte de pierres du XVIIIème siècle, le salon aux poutres apparentes et murs en pierres de taille qui abrite un bar privé au décor "Vieux Paris", complètent l'agrément de votre séjour.

RESERVATION CENTER  01 42 25 10 10

# Hôtel Eber Monceau

18, rue Léon Jost
75017 - Paris
*métro : Courcelles*
TÉL : 01 46 22 60 70 • FAX : 01 47 63 01 01
*Amex, Visa, Master Card, Diner's*
email : Paris-Charming-Hotels.com

The film and fashion worlds are regulars at this very private little hotel situated a few steps from the Champs-Elysées and the pastoral Parc Monceau. As soon as you enter you are struck by the character of the foyer with its multicoloured ceiling of wood beams and neo-gothic fireplace. The bar is right next door, opening onto a patio where breakfast can be enjoyed from spring to autumn. The king-sized bedrooms, the family suites and the duplex apartments are all designed with the same view of comfort and sophistication.

DOUBLE ROOM : 690 to 850 FF : 105 to 129 €
SUITE : 1200 FF : 183 €
APARTMENT : 1300 to 1500 FF : 198 to 229 €
BREAKFAST : 65 FF : 15 €

Les milieux du cinéma et de la mode sont fidèles à cet intimiste petit hôtel à deux pas des Champs-Elysées et du bucolique Parc Monceau. Dès l'accueil, vous êtes charmés par le hall au joli plafond de poutres à décor polychrome et à la cheminée du style néo-gothique. Le bar est juste à côté, ouvrant sur un patio où, dès les beaux jours venus, on peut prendre son petit déjeuner. De la chambre grand lit, en passant par l'appartement familial et jusqu'au duplex avec terrasse, on y retrouve le même souci de confort et de raffinement.

Reservation center ✆ 01 42 25 10 10

# HÔTEL DE FRANCE D'ANTIN

22, RUE D'ANTIN
75002 - PARIS
*métro : Opéra*
TÉL : 01 47 42 19 12 • FAX :01 47 42 11 55
*Amex, Visa, Master Card, Diner's*

Ideally situated near the Opera, close to the Louvre and the major department stores in the heart of the business and tourist district, a hotel that provides a warm welcome and every modern comfort. The bedrooms are air-conditioned, with mini-bar, hairdryer and satellite television. The vaulted conference room, the lounges with their exposed stone walls and the private bar will add pleasure to your stay. The car park in the Place du Marché Saint-Honoré is just two minutes away.

SINGLE ROOM : 780 to 980 FF : 118,91 to 149,40 €
DOUBLE ROOM : 980 to 1180 FF : 149,40 to 179,89 €
SUITE : 1380 FF : 210,38 €
BREAKFAST : 40 FF : 6,10 €

Idéalement situé tout près de l'Opéra, proche du musée du Louvre et des Grands Magasins, au cœur du monde des affaires et du tourisme, un hôtel qui vous offre, outre un accueil personnalisé, des chambres bénéficiant de tout le confort contemporain : air climatisé, mini-bar, sèche-cheveux et télévision satellite. La salle de conférence voûtée, les salons aux murs de pierre et le bar privé ajoutent au confort de votre séjour. Le parking de la place du marché Saint-Honoré est à deux minutes.

RESERVATION CENTER ✆ 01 42 25 10 10

## Hôtel Galileo

54, rue de Galilée
75008 - Paris
*métro : GeorgesV*
tél : 01 47 20 66 06 • fax : 01 47 20 67 17
*Amex, Visa, Master Card, Diner's, Jcb*

Just a few steps from the Champs-Elysées in the heart of the business and tourist district, with the Guimet and Modern Art museums just a stone's throw away, you will be welcomed with a smile at this friendly hotel with its lovely façade. The freshness of a garden in the middle of Paris, the warmth of a beautiful piece of furniture or a wall hanging, the attractive ornaments scattered here and there, the fire crackling in the hearth, this is an enchanting place, to fall in love with at first sight. The bedrooms have every modern comfort and the concierge service will deal with all your reservations.

SINGLE ROOM : 800 FF : 122 €
DOUBLE ROOM : 950 FF : 145 €

BREAKFAST : 50 FF : 10 €

A fleur de Champs-Elysées, au cœur du quartier des affaires et du tourisme, avec les musées Guimet et d'Art Moderne à un jet de pierre, un hôtel à la façade harmonieuse où vous êtes accueillis avec le sourire. La fraîcheur d'un précieux jardin, la chaleur d'un beau meuble ou d'une tapisserie, les beaux objets disséminés par-ci par-là, la cheminée qui crépite, voilà un lieu enchanteur. Les chambres bénéficient de tout le confort contemporain et le service-concierge s'occupe de toutes vos réservations.

Reservation center ✆ 01 42 25 10 10

# HÔTEL LAUTREC OPERA

8-10, RUE D'AMBOISE
75002 - PARIS
*métro* : Richelieu-Drouot
TÉL : 01 42 96 67 90 • FAX : 01 42 96 06 83
*Amex, Visa, Master Card, Diner's*
*email* : reservation@hotel-lautrec.fr

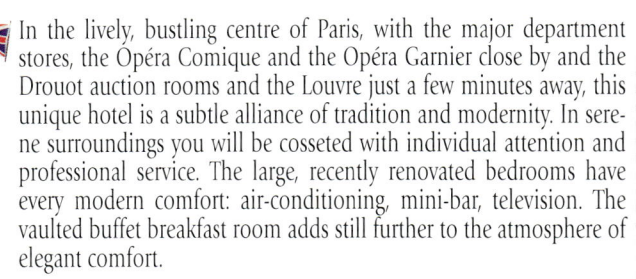

In the lively, bustling centre of Paris, with the major department stores, the Opéra Comique and the Opéra Garnier close by and the Drouot auction rooms and the Louvre just a few minutes away, this unique hotel is a subtle alliance of tradition and modernity. In serene surroundings you will be cosseted with individual attention and professional service. The large, recently renovated bedrooms have every modern comfort: air-conditioning, mini-bar, television. The vaulted buffet breakfast room adds still further to the atmosphere of elegant comfort.

SINGLE ROOM : 900 to 1050 FF : 137,20 to 160,07 €
DOUBLE ROOM : 940 to 1090 FF : 143,30 to 166,57 €

BREAKFAST : 75 FF : 11,43 €

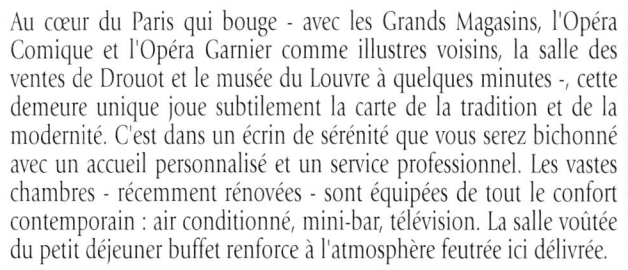

Au cœur du Paris qui bouge - avec les Grands Magasins, l'Opéra Comique et l'Opéra Garnier comme illustres voisins, la salle des ventes de Drouot et le musée du Louvre à quelques minutes -, cette demeure unique joue subtilement la carte de la tradition et de la modernité. C'est dans un écrin de sérénité que vous serez bichonné avec un accueil personnalisé et un service professionnel. Les vastes chambres - récemment rénovées - sont équipées de tout le confort contemporain : air conditionné, mini-bar, télévision. La salle voûtée du petit déjeuner buffet renforce à l'atmosphère feutrée ici délivrée.

RESERVATION CENTER  01 42 25 10 10     108

# Hôtel le Lavoisier

21, rue Lavoisier
75008 - Paris
*métro : Saint Augustin*
TÉL : 01 53 30 06 06 • FAX : 01 53 30 23 00
Amex, Visa, Master Card, Diner's, Jcb
http://www.hotellavoisier.com - email : info@hotellavoisier.com

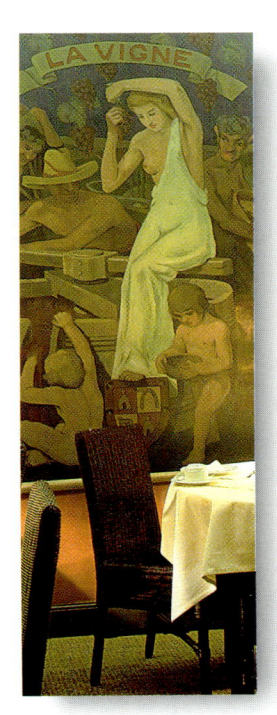

Situated between Saint-Augustin church, the Place de la Madeleine and the Faubourg Saint-Honoré, a few steps from the Champs-Elysées and the Parc Monceau and at no distance from the capital's great museums. This is a calm and restful place, decorated in a modern style that combines character and excellence, at the business and shopping heart of Paris. The golden yellow and sand-coloured rooms, suites and junior suites, some of which open out onto private patios, provide fine settings for a stay in Paris. Good taste the 8th arrondissement way.

SINGLE ROOM : 1190FF : 181,41 €
DOUBLE ROOM : 1190 FF : 181,41 €

SUITE : 2500 FF : 381,12 €
BREAKFAST : 70 FF : 10,67 €

Situé entre l'Eglise Saint-Augustin, la place de la Madeleine et le Faubourg Saint-Honoré, à deux pas des Champs-Elysées et du parc Monceau, non loin des grands musées de la capitale. Décoré dans un style contemporain qui allie charme et excellence, c'est un lieu de séjour calme et reposant, même au coeur du Paris d'affaires et de shopping. Les chambres jaune d'or et sable, les suites, juniors suites dont certaines ouvrent sur des terrasses privatives sont de beaux écrins pour votre séjour à Paris. Le bon goût tendance 8eme arrondissement.

Reservation center ✆ 01 42 25 10 10

## HÔTEL LITTLE PALACE

4, rue Salomon de Caus
75003 - Paris
*métro : Réaumur Sébastopol*
TÉL : 01 42 72 08 15 • FAX : 01 42 72 45 81
*Amex, Visa, Master Card, Diner's, Jcb*
*email :* littlepalace@compuserve.com

An early twentieth century town house at the heart of Paris, a few steps from Les Halles, between the Marais and Beaubourg, that enjoys that rare privilege, a quiet garden. The architecture is that of the Roaring Twenties, with sculpted stone, and balconies with marble columns facing the pastoral Arts et Métiers Square. The rooms equipped with all modern conveniences and nicely decorated with wall fabrics and the unique bar with its conservatory make this an attractive place both for business and leisure travellers. Close to the Bourse and Sentier business centres and to the Picasso, Louvre and Pompidou museums.

SINGLE ROOM : 600 to 750 FF : 114 €
DOUBLE ROOM : 800 to 850 FF : 129 €
BREAKFAST : 70 FF : 10,67 €

Une demeure début de siècle située au cœur de Paris, à deux pas des Halles, entre le Marais et Beaubourg, qui bénéficie d'un privilège rare, celui d'un calme jardin. L'architecture des années folles, avec pierres sculptées et balcons avec colonnes de marbre face au square bucolique des Arts et Métiers. Les chambres bénéficiant de tout le confort moderne, joliment décorées de tissus tendus, le bar et sa verrière unique, en font un lieu de charme, tant pour les voyages d'affaires que d'agrément. A proximité des centres d'affaires de la Bourse et du Sentier, des musées Picasso, Louvre et Pompidou.

Reservation center  01 42 25 10 10

# Hôtel Newton Opera

11 bis, rue de l'Arcade
75008 - Paris
*métro : Madeleine - RER Auber*
TÉL : 01 42 65 32 13 • FAX : 01 42 65 30 90
Amex, Visa, Master Card, Diner's
http://www.integra.fr/newtonopera - email : newtonopera@easynet.fr

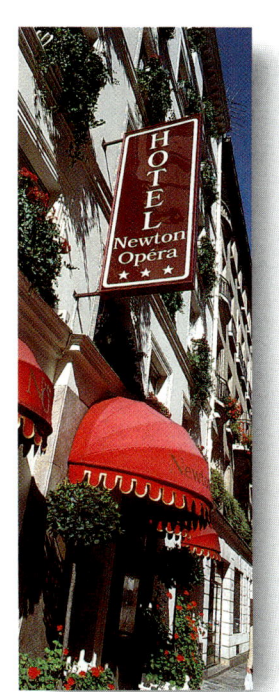

Located in a quiet street, this venue full of character is ideally situated at the heart of the Paris leisure and business quarters: la Madeleine, the large department stores, the theatres, the Louvre, the Champs-Elysées, and the Faubourg Saint-Honoré are just outside the door (200 yards away). This 31-room hotel offers a personal welcome and a warm, yet elegant atmosphere. All the rooms are individually styled, air-conditioned and have all the amenities. The bathrooms are very sophisticated with baths or showers with hydromassage facilities. You will enjoy your buffet breakfast in a magnificent stone vaulted cellar and can relax in our pleasant lounge.

SINGLE ROOM : 860 FF : 131,11 €
DOUBLE ROOM : 860 FF : 131,11 €
BREAKFAST : 60 FF : 9,15 €

Situé dans une rue calme, cet hôtel de grand charme dispose d'une situation exceptionnelle en plein coeur du Paris des loisirs et des affaires : la Madeleine, les Grands Magasins, les théâtres, le Louvre, les Champs-Elysées, et le Faubourg Saint Honoré sont à sa porte (200 mètres). Accueil attentionné, ambiance élégante et chaleureuse caractérisent ce ravissant hôtel de 31 chambres. Toutes sont personnalisées, climatisées, parfaitement équipées et offrent des salles de bains très raffinées avec baignoire ou douche à hydromassage. Vous savourerez votre petit-déjeuner buffet dans une superbe cave voûtée en pierres et vous détendrez dans un agréable salon.

RESERVATION CENTER  01 42 25 10 10

# Hôtel Opéra Cadet

24, rue cadet
75009 - Paris
*métro : Cadet*
tél : 01 53 34 50 50 • fax : 01 53 34 50 60
*Amex, Visa, Master Card, Diner's, Jcb*

In a semi-pedestrian shopping street, here you will find all the atmosphere of a genuine lively quarter in the centre of Paris, just a few minutes away from the large boulevards and big department stores, the Opéra Garnier, the theatres and museums. In an elegant contemporary decor, with space to relax – bar, lounges and a superb conservatory opening out onto a patio-garden – conferences and seminars (up to 100 people), rooms including 3 suites with all modern conveniences: air-conditioning, sound-proofing, satellite TV (CNN and JSTV), digital safe, mini-bar. Some of the bathrooms are equipped with jacuzzis. A hotel to experience city life at its best.

SINGLE ROOM : 930 to 1100 FF : 141,78 to 167,69 €
DOUBLE ROOM : 1070 to 1200 FF : 163,12 to 182,94 €

SUITE : 1570 to 1780 FF : 239,34 to 271,36 €
BREAKFAST : INCLUDED

Dans une rue semi-piétonne et commerçante, vous avez là toute l'ambiance d'un quartier authentique et animé du centre de Paris. A quelques pas, les grands boulevards et les grands magasins, l'Opéra Garnier, les théâtres et les musées. Dans un décor d'une élégance contemporaine, avec des espaces pour la détente - bar, salons et superbe verrière s'ouvrant sur un jardin-patio -, les conférences et séminaires (jusqu'à 100 personnes), les chambres, dont trois suites, offrent tout le confort moderne : climatisation, insonorisation, TV satellite (CNN et JSTV), coffre-fort digital, mini-bar. Un hôtel pour bien-vivre la ville.

Reservation center  01 42 25 10 10

# SYSTÈME CELLULAIRE LIPO-SCULPTEUR

## la prairie
SWITZERLAND

# Hôtel Pavillon Monceau

43, rue Jouffroy d'Abbans
75017 - Paris
*métro : Malesherbes*
TÉL : 01 56 79 25 00 • FAX : 01 42 12 99 38
*Amex, Visa, Master Card, Diner's, Jcb*
http://www.pav-monceau.com − email : infos@pavillon-monceau.com

A hotel with character right next to the prestigious Parc Monceau and a few minutes from the Place de l'Etoile and the Champs-Elysées. Rooms and suites have been refurbished in a modern and sophisticated style, and provide all modern conveniences: air-conditioning, safe, mini-bar, television and hair drier. A team of smiling staff is at your service here in this harmonious setting in the best French hotel tradition.

SINGLE ROOM : 690 to 890 FF : 106 to 135 €
DOUBLE ROOM : 790 to 1090 FF : 121 to 167 €
SUITE : 990 to 1290 FF : 151 to 197 €
BREAKFAST : 65 FF : 10 €

A proximité immédiate du prestigieux Parc Monceau, un hôtel de charme également situé à quelques minutes de la place de l'Etoile et des Champs-Elysées. Les chambres et suites ont été rénovées dans un style moderne et raffiné. Elles bénéficient de tout le confort contemporain : climatisation, coffre-fort, mini-bar, télévision et sèche-cheveux. Dans un cadre harmonieux à l'image de l'hôtellerie traditionnelle, c'est toute une équipe souriante qui est à votre disposition.

RESERVATION CENTER  01 42 25 10 10

• 17e

# Hôtel Princesse Caroline

1 bis, rue Troyon
75017 - Paris
*métro : Charles de Gaule Étoile*
Tél : 01 58 05 30 00 • Fax : 01 42 27 49 53
*Amex, Visa, Master Card, Jcb*
http://www.hotelprincessecaroline.fr - email : contact@hotelprincessecaroline.fr

A private residence at the heart of Paris, near the Champs-Elysées, the business district and the great Paris restaurants, that combines elegance and sophistication, comfort and modernity. Rooms are cosy and modern with harmonious colours, solid wood furniture and marble bathrooms. Others - 5 of which are equipped for balneotherapy - are quiet and spacious, decorated in period style with an old world charm. The air-conditioned function room, "Duc de Berg" lounge and "Le Murat" bar add to the warm welcome to give an overall professional feel.

SINGLE ROOM : 725 to 815 FF : 110,53 to 124,25 €

DOUBLE ROOM : 815 to 1115 FF : 124,25 to 169,98 €
BREAKFAST : 75 FF : 11,43 €

Au cœur de Paris, proche des Champs-Elysées, du quartier des affaires et des grands restaurants parisiens, un hôtel particulier qui conjugue élégance et raffinement, confort et modernisme. Les chambres sont contemporaines, à l'atmosphère feutrée, tout en harmonie de couleurs, avec des meubles massifs et des salles de bain en marbre. D'autres, de style - dont 5 avec balnéothérapie -, spacieuses et calmes, au caractère d'autrefois. La salle de conférence climatisée, le salon "Duc de Berg" et le bar "Le Murat" tout comme l'accueil chaleureux ajoutent à l'ensemble un cachet professionnel.

115  Reservation center  01 42 25 10 10

# HÔTEL RASPAIL MONTPARNASSE

203, BOULEVARD RASPAIL
75014 - PARIS
*métro : Vavin*
TÉL : 01 43 20 62 86 • FAX : 01 43 20 50 79
*Amex, Visa, Master Card, Diner's, Jcb*
email : raspailm@aol.com

In the heart of Montparnasse, the crossroads of the arts and business, a lovely art deco hotel complete with façade and glass roof. The warm, pleasant bedrooms are decorated with reproductions of works by the great painters who lived in the district and have every modern convenience : air-conditioning, soundproofing, safe, mini-bar and TV with 23 French and foreign channels. The bar with its lovely woodwork, the spacious reception lounge and the courteous service of the reception team add to the hotel's relaxing atmosphere.

SINGLE ROOM : 560 FF : 85,37 €
DOUBLE ROOM : 760 to 950 FF : 115,86 to 144,55 €
SUITE : 1200 FF : 182,94 €
BREAKFAST : 50 FF : 7,62 €

Au cœur de Montparnasse, carrefour des arts et des affaires, un bel hôtel très Arts déco avec façade et verrière de style. Les chambres feutrées et harmonieuses sont décorées de reproduction des grands peintres qui ont habité le quartier et bénéficient de tout le confort moderne : air conditionné, insonorisation, coffre-fort, mini-bar et TV avec 15 chaines internationales. Le bar boisé, le hall de réception spacieux et l'accueil chaleureux de l'équipe de réception s'associent à l'ambiance sereine de la maison.

RESERVATION CENTER  01 42 25 10 10

# Hôtel Relais Bosquet

19, rue du Champ de Mars
75007 - Paris
*métro : Ecole Militaire*
TÉL : 01 47 05 25 45 • FAX : 01 45 55 08 24
*Amex, Visa, Master Card, Diner's, Jcb*
http://www.relaisbosquet.com - email : hotel@relaisbosquet.com

At the hub of Parisian life, just a stone's throw from the Eiffel Tower, Les Invalides and the shops of the rue Clerc, this recently renovated hotel is an island of peace and tranquillity. The well proportioned, stylishly designed, air-conditioned bedrooms provide every modern comfort, enhanced by the range of services offered by the hotel. All this at prices that give excellent value and pleasure for your money. Ideally situated for business or pleasure, with a warm, truly friendly welcome and professional service, this hotel has everything to make your stay relaxing and memorable.

**SINGLE ROOM : 600 to 900 FF : 91,47 to 129,58 €**
**DOUBLE ROOM : 650 to 1000 FF : 99,09 to 151,60 €**

**BREAKFAST : 60 FF : 9,45 €**

Au cœur de la vie parisienne, à deux pas de la Tour Eiffel, des Invalides et de la commerçante rue Clerc, cet hôtel récemment rénové vous offre un endroit plein d'harmonie et de quiétude. Les chambres climatisées de beau volume, bien conçues, bénéficient de tout le confort moderne auquel s'ajoutent de nombreux services particuliers . Le tout à des prix d'une excellent rapport qualité-prix-plaisir. La situation idéale pour les voyages d'affaires ou d'agrément, l'accueil personnalisé et d'une amabilité non feinte, le professionnalisme du service, tout ici incite à la halte sereine.

RESERVATION CENTER  01 42 25 10 10

# HÔTEL RESIDENCE IMPERIALE

155, AVENUE DE MALAKOFF
75116 - PARIS
*métro : Porte Maillot*
TÉL : 01 45 00 23 45 • FAX : 01 45 01 88 82
*Amex, Visa, Master Card, Diner's*
e-mail : res.imperiale@wanadoo.fr

You will love the comfort and privacy of this character hotel a few steps from the Etoile, opposite the Palais des Congrès and its indoor car park, at the Porte Maillot. The 37 air-conditioned rooms are quiet and comfortable, and equipped for your convenience with cable television (including Canal+, the French pay channel), mini-bar and hair drier. The timbered ceilings of the attic rooms on the fifth floor have been preserved. Enjoy the attractions of Paris life on the nearby Champs-Elysées.

SINGLE ROOM : 650 to 920 FF : 99,09 to 140,25 €
DOUBLE ROOM : 690 to 980 FF : 105,19 to 149,40 €
TRIPLE ROOM : 840 to 1970 FF : 128,06 to 300,32 €
BREAKFAST : 60 FF : 9,15 €

A quelques pas de l'Etoile, face au Palais des Congrès et de son parking couvert, à la Porte Maillot, vous aimerez le confort et l'intimité de cet hôtel de charme. Le raffinement du hall est dû au talent de l'architecte Jean-Philippe Nuel. Les 37 chambres climatisées sont calmes et confortables. Pour votre agrément, elles sont équipées de la télévision câblée avec Canal+, d'un mini-bar et d'un sèche-cheveux. Celles du 5ème étage sont mansardées et leurs poutres apparentes ont été préservées. Aux Champs-Elysées tout proches, vous goûterez aux attraits de la vie parisienne.

RESERVATION CENTER  01 42 25 10 10

# HÔTEL LE SAINTE BEUVE

9, rue Sainte-Beuve
75006 - Paris
*métro : Notre-Dame-des CHamps*
TÉL : 01 45 48 20 07 • FAX : 01 45 48 67 52
*Amex, Visa, Master Card, Diner's, Jcb*
http://www.hotel-sainte-beuve.fr - e mail : saintebeuve@wanadoo.fr

Nestled in a quiet street between the Luxembourg Gardens and lively Boulevard Montparnasse, a magnificently renovated hotel, fully air-conditioned, which allies the charming comfort of cosy, individually decorated, pastel bedrooms and period furniture with all the well-being of a private house. The perfect base for tasting the joys of Parisian life at La Closerie des Lilas, La Coupole, Les Deux Magots, Le Flore and Lipp. Or sip champagne or tea in front of the columns and fireplace in the tranquil lounge of a beautiful home.

SINGLE ROOM : 760 to 1000 FF : 116 to 152 €
DOUBLE ROOM : 1000 to 1400 FF : 152 to 213 €

JUNIOR SUITE : 1700 FF : 259 €
COMMUNICATING ROOM : 1900 FF : 290 €
BREAKFAST : 80 FF : 12,20 €

Lové dans une rue tranquille, entre le jardin du Luxembourg et l'animation du boulevard Montparnasse, un hôtel magnifiquement rénové, entièrement climatisé, qui associe le charme et le confort de douillettes chambres personnalisées aux couleurs pastel et au mobilier ancien avec la douceur de vivre d'une maison particulière. Vous pourrez aussi profiter des grandes maisons proches qui font la gloire de Paris : La Closerie des Lilas, La Coupole, Les Deux Magots, Le Flore et Lipp ; siroter champagne, thé, devant les colonnades et la cheminée du calme salon d'une belle maison.

RESERVATION CENTER ☎ 01 42 25 10 10

## Hôtel de Tourville

16, avenue de Tourville
75007 - Paris
*métro : Ecole Militaire*
TÉL : 01 47 05 62 62 • FAX : 01 47 05 43 90
*Amex, Visa, Master Card, Diner's, Jcb*
http://www.hoteltrouville.com - email : hotel@tourville.com

With its immaculate white façade, nestling between the dome of Les Invalides and the gardens of the Rodin Museum, close to the Champs-Elysées, the Musée d'Orsay, the Eiffel Tower and the Champ-de-Mars, this hotel has the discreet character of the residential districts of the Left Bank. After being totally refurbished at the end of 1999, everything here displays real sophistication – gentle colours, period furniture and tasteful paintings. The well-proportioned rooms, in golden yellow, pink or sand colour schemes, provide every modern comfort. Some rooms have a bath with jacuzzi. And you will find all this in a very cosy atmosphere.

SINGLE ROOM : 890 to 1090 FF : 135,67 to 166,16 €
SUITE : 1990 FF : 303,37 €
BREAKFAST : 70 FF : 10,67 €

Avec sa jolie façade blanche immaculée, niché entre le Dôme des Invalides et les jardins du musée Rodin, proche des Champs-Elysées, du musée d'Orsay, de la Tour Eiffel et du Champ-de-Mars, l'hôtel possède le charme discret des quartiers bourgeois de la Rive Gauche. Après avoir été totalement rénové, à la fin 1999, tout ici dénote un réel raffinement, entre teintes douces, meubles anciens et tableaux de bon goût. Les chambres de belles proportions, aux tons jaune d'or, rose ou sable, offrent tout le confort moderne pour certaines, disposant de baignoires avec jacuzzi. L'ensemble baigne dans une atmosphère "cosy".

RESERVATION CENTER ✆ 01 42 25 10 10

8e

# HÔTEL VIGNON

23, RUE VIGNON
75008 - PARIS
*métro : Madeleine*
TÉL : 01 47 42 27 65 • FAX : 01 47 42 04 60
*Amex, Visa, Master Card*
http://www.vignon@club-internet.fr

Between the Place de la Concorde, La Madeleine, the Opera, the department stores, concert halls and theatres, luxury food stores and starred restaurants, a hotel in the heart of the capital that has all the best that Paris can offer right at its front door. Completely refurbished in 1999, it has large, bright bedrooms, tastefully and elegantly decorated, all equipped with every modern convenience. The professionalism of the staff never falters and you will always be sure of a truly friendly, welcoming smile.

**DOUBLE ROOM : 930 to 1000 FF : 141,78 to 152,45 €**

**BREAKFAST : 70 FF : 10,67 €**

Entre Concorde, Madeleine, Opéra, les grands magasins, les salles de spectacles et de théâtre, les boutiques alimentaires luxueuses et les restaurants étoilés, un hôtel au cœur de la capitale qui, à ses portes, offre le meilleur du Paris de l'animation et de l'élégance. Entièrement rénovée en 1999, il propose de grandes chambres lumineuses et raffinées, de bon goût et de qualité. Elles sont toutes équipées de tout le confort contemporain. Son équipe vous accueille avec un professionnalisme jamais démenti et la chaleur d'un sourire délivré avec sincérité.

121  RESERVATION CENTER  01 42 25 10 10

## Hôtel Villa Alessandra

9, Place Boulnois
75017 - Paris
métro : Ternes - Charles de Gaulle Etoile
Tél : 01 56 33 24 24 • fax : 01 56 33 24 30
Amex, Visa, Master Card, Diner's, Jcb

Here is a taste of Provence in a lively district on the Right Bank, just a few minutes' walk from the Champs-Elysées. This hotel is like a piece of southern France in the middle of Paris, with its ochre façade and its sky-blue pelmets at the windows, its sunny garden, the old-fashioned red floor tiles, its old-rose, sunshine-yellow and royal blue colour schemes, the bedspreads with their olive leaf pattern and many other decorative touches in Mediterranean style. The luxury bedrooms with their oak parquet floors provide the ultimate in contemporary comfort. A hotel that conjures up lavender and honey, the perfect place to get away from it all.

SINGLE ROOM : 950 à 980 FF : 144,83 à 149,40 €
DOUBLE ROOM : 1190 FF à 1220 : 181,41 à 185,99 €
TRIPLE ROOM : 1350 FF : 205,81 €
SUITE : 1800 FF : 274,41 €
BREAKFAST : 95 FF : 14,48 €

C'est un petit air de Provence au cœur d'un quartier animé de la Rive Droite, et à quelques minutes de marche des Champs Elysées. La façade ocre et les lambrequins bleus qui ornent les fenêtres, le jardin ensoleillé, les petites tomettes anciennes, les chromatismes vieux rose, jaune soleil ou bleu roi, les couvre-lits représentant de petites feuilles d'olivier et nombre de touches décoratives font de cet hôtel un îlot du Midi. Des chambres luxueuses au parquet de chêne offrent tout le confort contemporain. Un hôtel qui respire la lavande et le miel et offre, pour un séjour serein, un rare dépaysement.

Reservation center  01 42 25 10 10

## Hôtel La Villa
### Saint Germain des Prés

29, rue Jacob
75006 - Paris
métro : Saint Germain des Prés
TÉL : 01 43 26 60 00 • FAX : 01 46 34 63 63
Amex, Visa, Master Card, Diner's, Jcb
email:hotel@villa-saintgermain.com

If you are looking for a 21st century hotel, this is where you will find it. This building - the former Hôtel d'Isly - is a temple of contemporary design, with decor signed by Marie-Christine Dorner, a young designer following in the footsteps of Philippe Stark. In the luxury bedrooms, you will find ceilings that are painted, sculpted or lined with taffeta, in mauve or honey, bright or more subtle, with unique furnishings, curved metalwork and chrome bowls in the middle of a pool of frosted glass with a babbling cascade. A hotel with a jazzy atmosphere that resembles no other, from the lounge-bar with its purple carpeting and Burgundy stone, through to every other feature. La Villa: a whole new way of experiencing Paris.

SINGLE ROOM : 900 to 1400 FF : 137 to 213 €
DOUBLE ROOM : 1250 to 1900 FF : 191 to 290 €
SUITE : 2200 FF : 336 €
BREAKFAST : 80 FF : 12 €

L'hôtellerie du 21ème siècle, c'est ici que vous la trouverez. Dans cette maison - qui est l'ancien hôtel d'Isly - vouée au design contemporain, avec un décor signé Marie-Christine Dorner, une jeune designer émule de Philippe Stark. Pour des chambres de grand confort aux plafonds peints, sculptées ou tapissées de taffetas, de couleurs mauve ou miel, éclatantes ou plus subtiles, de mobilier unique, aux boiseries métalliques courbes et aux vasques de chromes au centre d'une flaque de verre dépoli où ruisselle une petite cascade. Un hôtel à l'atmosphère jazzy qui ne ressemble à aucun autre par son salon-bar, tapissé de moquette violette et de pierre de Bourgogne . La Villa, c'est une autre façon de vivre Paris.

RESERVATION CENTER  01 42 25 10 10

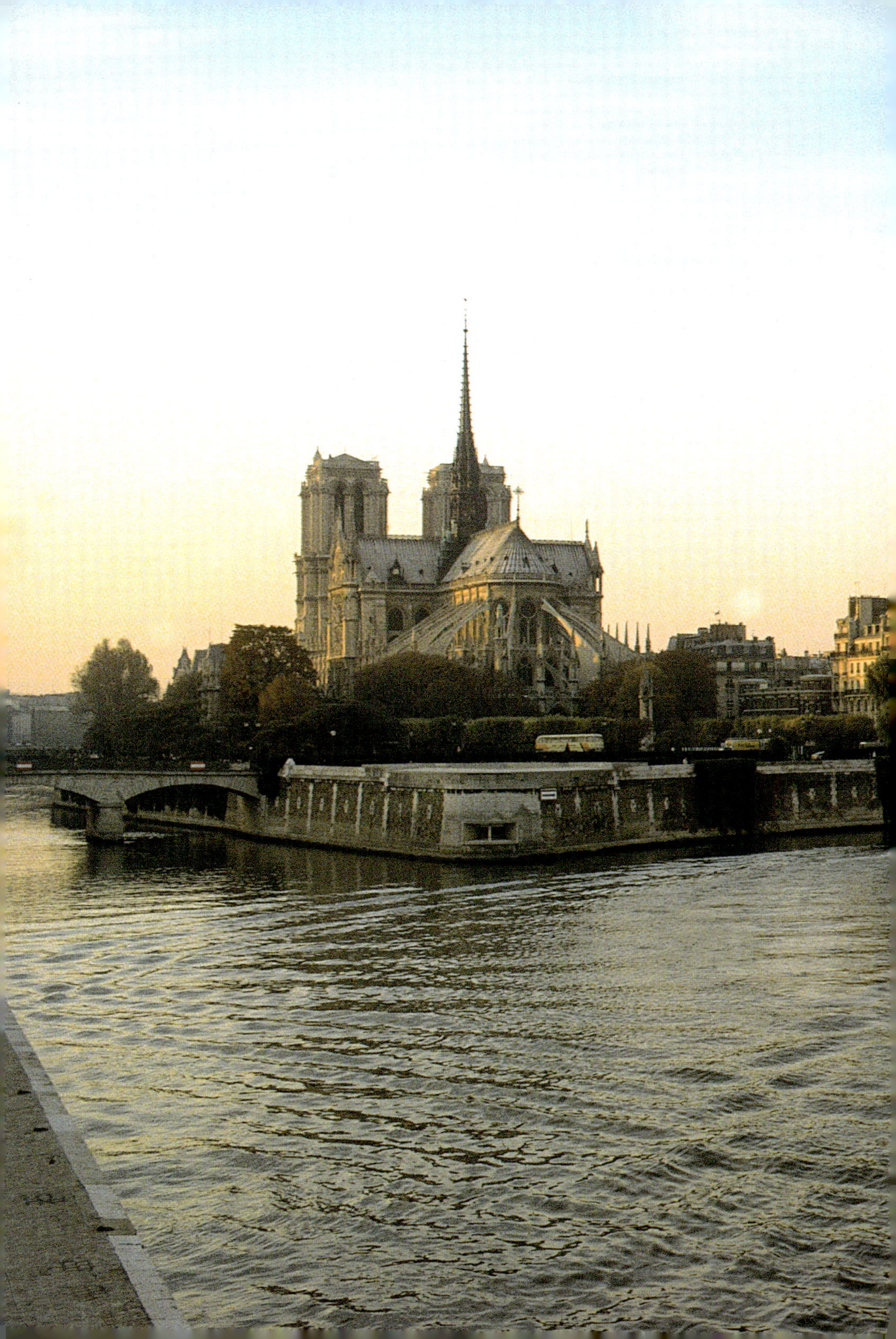

# TRADITIONAL AND CHARMING

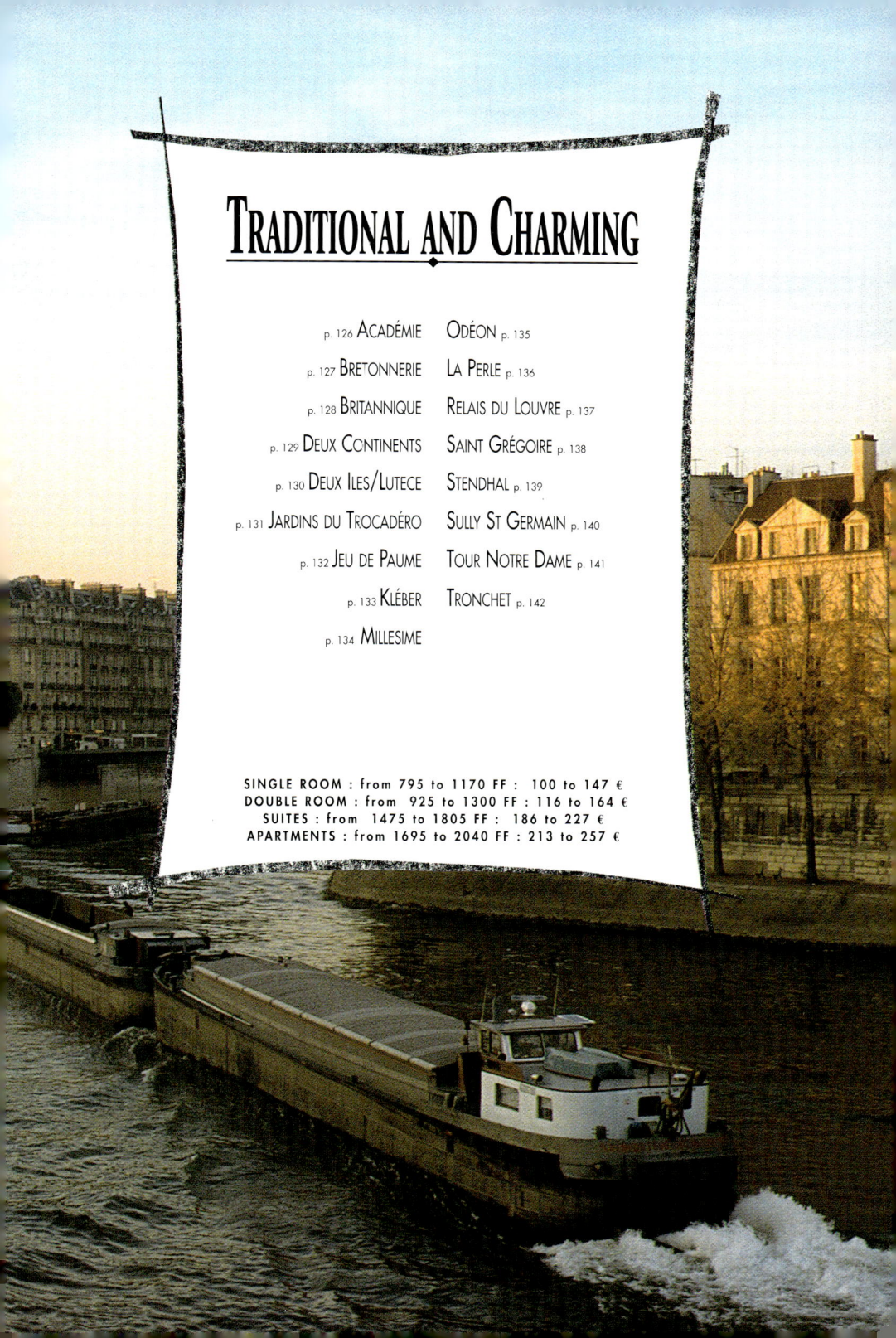

p. 126 ACADÉMIE    ODÉON p. 135

p. 127 BRETONNERIE    LA PERLE p. 136

p. 128 BRITANNIQUE    RELAIS DU LOUVRE p. 137

p. 129 DEUX CONTINENTS    SAINT GRÉGOIRE p. 138

p. 130 DEUX ILES/LUTECE    STENDHAL p. 139

p. 131 JARDINS DU TROCADÉRO    SULLY ST GERMAIN p. 140

p. 132 JEU DE PAUME    TOUR NOTRE DAME p. 141

p. 133 KLÉBER    TRONCHET p. 142

p. 134 MILLESIME

SINGLE ROOM : from 795 to 1170 FF : 100 to 147 €
DOUBLE ROOM : from 925 to 1300 FF : 116 to 164 €
SUITES : from 1475 to 1805 FF : 186 to 227 €
APARTMENTS : from 1695 to 2040 FF : 213 to 257 €

# Hôtel Académie

32, rue des Saints Pères
75007 - Paris
*métro : Saint-Germain-Des-Prés*
TÉL : 01 45 49 80 00 • FAX : 01 45 49 80 10
*Amex, Visa, Master Card, Diner's, Jcb*
http://www.academiehotel.com - email : aaacademie@aol.com

In the heart of mythical Saint-Germain-des-Prés on the Left Bank of the Seine, with its art galleries and antique shops, not far from the Musée d'Orsay and the Louvre, is the Hôtel de l'Académie. This charming 18th century mansion, with its Napoleonic draperies, ancient beams and exposed stone walls, offers excellent value and pleasure for the money. The air-conditioned, soundproofed rooms have a full bathroom (with hairdryer) and every modern convenience. The junior suites have a marble bathroom with jacuzzi. Up to 30% discount (**depending on the season**) with presentation of "Best Hotel in Paris guide".

SINGLE ROOM : 990 FF : 150,92 €
DOUBLE ROOM : 1290 FF : 196,55 €

JUNIOR JACUZZI SUITE : 1590 FF : 242,39 €
APARTMENT SUITE : 2580 FF : 393,32 €
FULL BREAKFAST : 75 FF : 11,43 €

Au cœur de Paris, du mythique village de Saint-Germain-des-Prés, de ses galeries et de ses antiquaires, cette belle demeure de charme du XVIIIème, aux draperies napoléoniennes, aux poutres anciennes et pierres apparentes, offre un excellent rapport qualité-prix-plaisir, non loin des musées d'Orsay et du Louvre. Des chambres climatisées et insonorisées, équipées de salle de bains complète (sèche-cheveux), et de tout le confort moderne. Quelques suites junior avec salle de bains en marbre et jacuzzi. Un hôtel qui allie la beauté de l'ancien et le bien-être de la modernité.

RESERVATION CENTER  01 42 25 10 10

# HÔTEL DE LA BRETONNERIE

22, rue Sainte Croix de la Bretonnerie
75004 - Paris
*métro : Hôtel de Ville*
TÉL : 01 48 87 77 63 • FAX : 01 42 77 26 78
Visa, Master Card
http://www.la bretonniere.com

In the Marais district, just a few steps away from the Place des Vosges, Notre-Dame, the Pompidou Centre and the Picasso Museum, this charming hotel is a former mansion dating from the 17th century. The vaulted ceiling of the breakfast room, the solid, interlacing beams, the cut stone, the Louis XIII style furniture, the four-poster beds and the décor create an atmosphere of charm and serenity, of calm and distinction. Each bedroom provides the best in elegant contemporary comfort : safe, mini-bar, hairdryer and cable TV.

SINGLE ROOM : 660 to 830 FF : 100,62 to 126,53 €
DOUBLE ROOM : 660 to 830 FF : 100,62 to 126,53 €
JUNIOR SUITE : 1050 FF : 160,07 €
BREAKFAST : 60 FF : 9,15 €

Au cœur du Marais, à quelques pas de la place des Vosges, de Notre-Dame, des musées Beaubourg et Picasso, cette demeure de charme est un ancien hôtel particulier du XVIIème siècle. Caves voûtées pour le petit déjeuner, entrelacs de poutres massives, pierres de taille, meubles de style Louis XIII, lits à baldaquin et tapisseries créent une ambiance de charme et de sérénité, de distinction et de quiétude. Chacune des chambres offre un confort contemporain et raffiné : coffre-fort, mini-bar, sèche-cheveux et TV câblée.

RESERVATION CENTER  01 42 25 10 10

# Hôtel Britannique

20, avenue Victoria
75001 - Paris
*métro : Chatelet*
TÉL : 01 42 33 74 59 • FAX : 01 42 33 82 65
*Amex, Visa, Master Card, Diner's, Jcb*
http://www.hotel-britannique.fr - email : mailbox@hotel-britannique.fr

Ever since 1861, this hotel at the historic heart of Paris has been more than just British in name. Here the traditional courtesy of the English way of life is lavishly perpetuated together with the sophistication, luxurious comfort and friendliness of French hotel tradition. The rooms, decorated in a gentle, modern style, have all the modern conveniences. The lounge is as elegant and comfortable as in an Agatha Christie novel, and the high quality breakfast is particularly lavish. So too is the hospitality, sheer warmth and conviviality.

SINGLE ROOM : 790 to 950 FF : 120 to 145 €
DOUBLE ROOM : 950 to 1 080 FF : 145 to 165 €

BREAKFAST : 65 FF : 9,91 €

Depuis 1861, un hôtel au cœur historique de Paris, et qui n'a pas de britannique que le nom ! Il cultive aussi avec générosité la grande courtoisie de l'art de vivre à l'anglaise . Et qui plus est, il y ajoute les raffinements d'un confort haut de gamme et la grande convivialité de la tradition hôtelière à la française. Les chambres, au décor contemporain et tendre, sont aménagées avec tout le confort . Le salon de détente est aussi élégant et cosy que dans les romans d'Agatha Christie et le petit déjeuner de qualité est particulièrement généreux. L'accueil est à l'identique, tout en chaleur et convivialité.

RESERVATION CENTER ✆ 01 42 25 10 10

# Hôtel des Deux Continents

25, rue Jacob
75006 - Paris
*métro : Saint Germain des Prés*
TÉL : 01 43 26 72 46 • FAX : 01 43 25 67 80
*Visa, Master Card*

It was in this street in the heart of Saint-Germain-des-Prés, that the American Treaty of Independence was signed. The hotel's name recalls the American and European continents. It offers a warm, cosy atmosphere with 43 rooms, of which 23 have air-conditioning, in three different buildings. As well as their light marble bathrooms, they are decorated with taste – the furniture is classical or bears the patina of centuries, the fabrics are lined and padded – and have all the latest conveniences. The breakfast room has exposed beams and a fine fresco of 19th century New York.

SINGLE ROOM : 775 FF : 118,15 €
DOUBLE ROOM : 845 to 885 FF : 128,82 to 134,92 €
TRIPLE ROOM : 1100 FF : 167,69 €
BREAKFAST : 60 à 65 FF : 9,9 €

Au cœur de Saint-Germain-des-Prés, c'est dans cette rue que fut signé le traité d'indépendance des Etats-Unis. Sous les auspices du Nouveau Monde et de l'Europe, un hôtel qui offre une atmosphère chaleureuse et feutrée, avec 43 chambres - 23 avec air conditionné - réparties sur trois bâtiments. Outre des salles de bain en marbre clair, elles sont décorées avec goût - meubles classiques ou patinés , tissus capitonnés. La salle poutrée du petit déjeuner dévoile une belle fresque représentant New York au siècle dernier.

RESERVATION CENTER ✆ 01 42 25 10 10

# Hôtel des Deux Iles
# Hôtel de Lutèce

59-65 rue Saint-Louis-en-l'Ile
75004 - Paris
*métro:Pont-Marie*
TÉL : 01 43 26 13 35 • FAX : 01 43 29 60 25
*Amex, Visa, Master Card*

Located between the baroque Saint-Louis-en-l'Île church and the historical Chenizot residence, where, led by a young marquise, Revolutionary ideas were fostered, here is a fine example of a contemporary hotel, perfectly integrated in its neighbourhood. Character, privacy and an English feel, with hints of gentle exoticism combine in a cosy setting. All the rooms are air conditioned and have bathrooms decorated with sparkling blue tiles. There are also hair driers, direct dialling telephone and cable TV.

**SINGLE ROOM : 750 to 890 FF : 114 €**
**DOUBLE ROOM : 890 to 910 FF : 135 €**
**TRIPLE ROOM : 1000 FF : 152 €**
**BREAKFAST : 60 FF : 10 €**

Entre la baroque église de Saint-Louis-en-l'Île, l'historique hôtel de Chenizot où, en 1789, sous l'impulsion d'une jeune marquise, se développèrent des idées favorables à la Révolution, voilà bien un hôtel de notre temps, en harmonie avec son quartier. Charme, intimisme, atmosphère anglo-saxonne mêlée d'exotisme tendre président à un intérieur douillet. Les chambres sont toutes climatisées, avec salles de bain habillées de lumineux carreaux bleus, sèche-cheveux, téléphone direct et TV câblée.

Reservation center ✆ 01 42 25 10 10

# Hôtel Les Jardins du Trocadéro

35, rue Benjamin Franklin
75116 - Paris
métro : Trocadéro
Tél : 01 53 70 17 70 • Fax : 01 53 70 17 80
Amex, Visa, Master Card, Diner's, Jcb
email : jardintroc@aol.com

Superbly located, this hotel overlooks the magnificent Place du Trocadéro, with the Eiffel Tower practically at its foot and the great museums of Paris close by. Step inside and you will be charmed by the elegant décor, the private lounges and bars, "La Petite Muse" restaurant and tea-room, the exposed stone walls and the period furniture which harmonize so well with the Napoleonic draperies. Pretty muses will then show you to the tastefully appointed bedrooms which, besides marble marquetry bathrooms with jacuzzi and hair-dryer, have every modern comfort.

SINGLE ROOM : 790 to 1600 FF : 120,43 to 243,92 €
DOUBLE ROOM : 890 to 1800 FF : 135,68 to 274,41 €

SUITE : 1490 à 2600 FF : 227,15 to 396,37 €
BREAKFAST : 75 FF : 11,43 €

Un hôtel qui bénéficie d'une situation exceptionnelle, surplombant la magnifique place du Trocadéro, avec la Tour Eiffel quasiment à ses pieds et les grands musées parisiens en voisinage. Dès l'accueil, vous serez charmés par le décor raffiné, les salons et bars privés, le restaurant-salon de thé "La Petite Muse", les pierres apparentes et les meubles de style qui s'harmonisent aux draperies napoléoniennes. De bien jolies muses vous mèneront ensuite vers des chambres aménagées avec goût qui offrent, outre des salles de bain en marqueterie de marbre avec jacuzzi et sèche-cheveux, tout l'équipement actuel : coffre-fort, climatisation, insonorisation, mini-bar.

Reservation center ✆ 01 42 25 10 10

# Hôtel du Jeu de Paume

54, rue Saint-Louis-en-l'île
75004 - Paris
*métro : Pont-Marie*
TÉL : 01 43 26 14 18 • FAX : 01 40 46 02 76
*Amex, Visa, Master Card, Diner's*
http://www.jeudepaumehotel.com

Nestling between the branches of the Seine is one of the loveliest hotels in Paris. A place of art and history, this hotel has retained the original architecture of the "Jeu de Paume" – the real tennis court – built by Louis XIII in the 17th century. And the rest of the décor follows suit, from the lobby through the lounge-bar, the dining room and the library-lounge on the mezzanine to the bright, peaceful bedrooms, all hung with Pierre Frey fabrics and furnished with lovely items hunted down in antique shops. Five of the duplex bedrooms are arranged around an indoor patio-cum-garden. In the basement, in the original series of rooms with their cross-ribbed ceilings, guests will find relaxation and work rooms, a balneotherapy centre, a Norwegian sauna and a fitness centre.

SINGLE ROOM : 950 to 1330 FF : 144,84 to 202,77 €
DOUBLE ROOM : 1250 to 1625 FF : 190,58 to 247,75 €
SUITE : 2625 FF : 400,21 €
BREAKFAST : 80 FF : 12,2 €

Nichée entre les bras de la Seine, une des plus belles maisons d'hôtes de Paris. Placée sous le signe de l'art et de l'histoire, cet hôtel respecte l'architecture originelle du Jeu de Paume construit au XVIIe siècle par Louis XIII. C'est dans cet esprit qu'ont été décorés le hall, le salon-bar, la salle à manger, le salon-bibliothèque en mezzanine et les chambres calmes et lumineuses, toutes tendues de tissus Pierre Frey et meublées au gré des coups de cœur avec des meubles chinés chez les antiquaires. En duplex, 5 d'entre elles sont aménagées sur un patio-jardin intérieur. En sous-sol, respectant les enfilades et ogives croisées, salons de détente et de travail, balnéothérapie, sauna norvégien et salle de remise en forme s'offrent aux hôtes.

RESERVATION CENTER  01 42 25 10 10

16e

# HÔTEL KLEBER

7, RUE DE BELLOY
75116 - PARIS
*métro : Kléber*
TÉL : 01 47 23 80 22 • FAX : 01 49 52 07 20
*Amex, Visa, Master Card, Diner's*
email : kleberhot@aol.com

Between the Arc de Triomphe and the Eiffel Tower, just a few minutes from the Champs-Elysées, close to the business district, the embassies, ministries, haute couture houses and the great Paris museums, a charming hotel in a Napoleon III mansion, recently totally renovated to combine tradition and modernity. In a quiet street, this welcoming hotel provides individually decorated bedrooms – and one suite – with all the comfort expected of a three-star establishment : bathroom with hairdryer, radio-alarm, satellite TV, private car park, dry cleaning service, mini-bar, safe, room service.

SINGLE ROOM : 690 to 1390 FF : 105,19 to 211,90 €
DOUBLE ROOM : 690 to 1390 FF : 105,19 to 211,90 €
SUITE : 990 to 1990 FF : 150,92 to 330,37 €
BREAKFAST : 75 FF : 11,43 €

Entre l'Etoile et la Tour Eiffel, à deux pas des Champs-Elysées, proche du quartier des affaires, des ambassades, des ministères, des grands couturiers et des grands musées parisiens, un hôtel de charme abrité dans un immeuble Second Empire. Au grand calme d'une rue peu passante, l'hôtel récemment rénové dans sa totalité, offre un accueil chaleureux et des chambres , ainsi qu'une suite , au décor personnalisé avec tout le confort d'un hôtel trois étoiles : salle de bain avec sèche-cheveux, radio-réveil, TV satellite, parking privé, pressing; mini-bar, coffre, room service.

RESERVATION CENTER ✆ 01 42 25 10 10

# Millésime Hôtel

15, rue Jacob
75006 - Paris
métro : Saint Germain des Prés
tél : 01 44 07 97 97 • fax : 01 46 34 55 97
Amex, Visa, Master Card

In the heart of Saint-Germain-des-Prés, the Millésime skillfully combines the past with the present in a district that has lost none of its lustre, between the worlds of business, antiques, fashion, shopping and shows. This charming 17th century building with its authentic listed staircase (Historic Monument) provides elegantly decorated bedrooms with every modern convenience : air conditioning, double glazing, mini-bar, satellite television, American plug adapter, safe, door chain and hairdryer. The breakfast room has an ancient vaulted ceiling.

SINGLE ROOM : 900 FF : 135 €
DOUBLE ROOM : 1000 to 1150 FF : 150 to 172 €
BREAKFAST : 55 to 60 FF : 8 to 9 €

Au cœur de Saint-Germain-des-Prés, le Millésime conjugue le passé au présent dans un quartier qui n'a pas perdu de son lustre, entre les mondes des affaires, des antiquités, de la mode, du shopping et du spectacle. Cet hôtel de charme du 17ème siècle, avec son authentique escalier classé monument historique, offre aussi des chambres raffinées et joliment décorées bénéficient de tout le confort moderne : air conditionné, double-vitrage, mini-bar, télévision satellite, prise américaine, coffre-fort, chaîne de sécurité et sèche-cheveux. Le petit déjeuner est servi sous des voûtes ancestrales.

Reservation center  01 42 25 10 10

## ODÉON HÔTEL

3, RUE DE L'ODÉON
75006 - PARIS
*métro : Odéon*
TÉL : 01 43 25 90 67 • FAX : 01 43 25 55 98
*Amex, Visa, Master Card, Diner's, !bc*
email : odeon@odeonhotel.fr

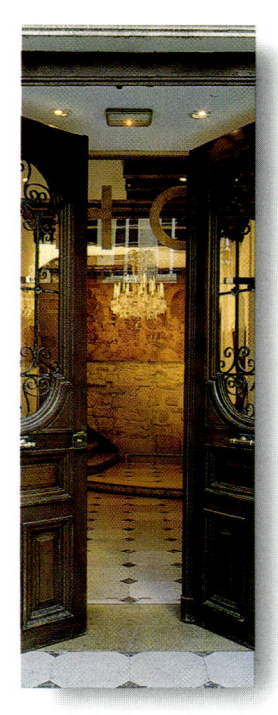

Close to the Luxembourg Gardens is a street which, in the early 1900s, was a hive of literary activity with, at no. 7, "La Maison des Amis du Livre", where Paul Claudel, André Gide and Paul Valéry would meet regularly, while at no. 12, at the "Shakespeare and Company" bookshop, James Joyce, Scott Fitzgerald and Ernest Hemingway could be found browsing through the shelves. And there is also a hotel, with a listed historic façade and roof, offering every modern comfort in a district important for business, culture and leisure. Some of the bedrooms have exposed stone walls while others have old beams.

SINGLE ROOM : 756 to 856 FF : 115,25 to 130,50 €
DOUBLE ROOM : 912 to 1312 FF : 139,05 to 200,02 €
SUITE : 1512 FF : 230,50 €
BREAKFAST : 60 to 70 FF : 9,15 to 10,68 €

Proche des jardins du Luxembourg, une rue qui, au début du siècle, connut une grande effervescence littéraire avec, au numéro 7, "La Maison des amis du livre" où se réunissaient Paul Claudel, André Gide et Paul Valéry, pendant qu'au 12 dans la libraire "Shakespeare and Company", on pouvait retrouver James Joyce, Scott Fitzgerald et Ernest Hemingway. Une demeure classée pour sa façade et sa toiture, au cœur d'un quartier d'affaires, de culture et de loisirs, certaines chambres avec murs de pierre de taille ou poutres anciennes.

RESERVATION CENTER  01 42 25 10 10

# HÔTEL LA PERLE

14, RUE DES CANETTES
75006 - PARIS
métro : Saint-Germain-des-Prés
TÉL : 01 43 29 10 10 • FAX : 01 46 34 51 04
Amex, Visa, Master Card, Diner's
http://www.hotellaperle.com - email : booking@hotellaperle.com

In the seemingly eternal setting of Saint-Germain-des-Prés with its Boulevard lined with historic brasseries, fashion boutiques, art galleries and picturesque markets, this hotel housed in a 17th century building has become a real haven of peace. Entirely refurbished, with a charming, quiet, flower filled inner courtyard, it provides very comfortable air-conditioned and soundproofed rooms - some of which are even equipped with jaccuzi and fax - designed by French and Danish architects. An hotel that also works hard at hospitality. Soon, close to a Luxembourg garden, 42 rue de Vaugirard, the Luxembourg Parc Hotel, a 23 room, 4 star hotel will be opening in June, 2000.

SINGLE ROOM : 900 FF : 137,20 €
DOUBLE ROOM : 950 to 1400 FF : 144,80 to 213,50 €
BREAKFAST : 85 FF : 12,96 €

Avec pour écrin l'éternel Saint-Germain-des-Prés, son boulevard bordé d'historiques brasseries, de boutiques de mode, de galeries d'art et de marchés pittoresques, cet hôtel sis dans un immeuble du XVIIème siècle est devenu un vrai havre de paix,.Entièrement rénové, avec sa charmante et paisible cour intérieure fleurie, il offre des chambres climatisées et insonorisées de grand confort - certaines même équipées d'une baignoire jacuzzi et d'un télécopieur - conçues par des architectes et artistes français et danois. Un hôtel attentif à l'hospitalité. Bientôt, proche du Luxembourg, au 42 rue Vaugirard, l'hôtel Luxembourg Parc, un 4 étoiles de 23 chambres ouvrira ses portes en Juin prochain.

RESERVATION CENTER  01 42 25 10 10

# HÔTEL LE RELAIS DU LOUVRE

19, RUE DES PRÊTRES SAINT GERMAIN L'AUXERROIS
75001 - PARIS
*métro : Louvre Rivoli - RER Châtelet Halles*
TÉL : 01 40 41 96 42 • FAX : 01 40 41 96 44
*Amex, Visa, Master Card, Diner's, Jcb*
email : au-relais-du-louvre@dial.oleane.com

Opened in 1991 in an 18th century mansion, Le Relais du Louvre skillfully combines the discreet charm of a period decor – "Directoire" furniture and coordinated fabrics – with all the modern features that today's clients expect from a quality hotel : cable TV, safe, fax, Internet and modem socket. Le Relais du Louvre is ideally situated for both business and pleasure in the heart of Paris, just a few steps away from the Louvre – half of the bedrooms provide a view of the museum – the Ile de la Cité and the Ile Saint-Louis, the Pompidou Centre, Notre-Dame and the Opera.

SINGLE ROOM : 650 to 800 FF : 99,09 to 121,96 €
DOUBLE ROOM : 880 to 1000 FF : 134,16 to 152,45 €

SUITE : 1300 to 1500 FF : 198,18 to 228,67 €
APARTMENT : 2400 FF : 365,88 €
BREAKFAST : 60 FF : 9,15 €
PARKING : 80 FF

Créé en 1991 dans un immeuble du XVIIIe, Le Relais du Louvre a su concilier le charme discret d'une décoration raffinée - meubles d'époque Directoire, tissus coordonnés - avec un équipement moderne adapté à l'exigence de qualité de la clientèle d'aujourd'hui : chaînes câblées, coffre-fort, fax, internet et prise modem. Le Relais du Louvre est idéalement situé, tant pour les voyages d'affaires que d'agrément, au cœur de Paris, à deux pas du Musée du Louvre, (la moitié des chambres offre une vue sur ce dernier), des îles de la Cité et Saint-Louis, du Centre Pompidou, de Notre-Dame et de l'Opéra.

RESERVATION CENTER  01 42 25 10 10

## HÔTEL LE SAINT GRÉGOIRE

43, RUE DE L'ABBÉ-GRÉGOIRE
75006 - PARIS
*métro : Saint Placide*
TÉL : 01 45 48 23 23 • FAX : 01 45 48 33 95
*Amex, Visa, Master Card, Diner's*
http://www.hotelsaintgregoire.com - email : hotel@saintgregoire.com

In a small 18th century building on the Left Bank, just a few steps away from the most famous cafés and bistros and from Montparnasse, is an oasis of elegant tranquillity. A warm atmosphere awaits in a relaxing décor, a cosy salon with a crackling fire in wintertime, a view over the patio, old-style comfort and breakfast served beneath an ancient vaulted ceiling. The bedrooms are individually decorated, some with a private garden or terrace, bathroom and separate toilet, period furniture and every modern accessory.

SINGLE ROOM : 1090 FF : 166 €
DOUBLE ROOM : 1090 FF : 166 €
SUITE : 1490 FF : 227 €
BREAKFAST : 60 FF : 9 €

Dans un petit immeuble du XVIIIème siècle, en plein cœur de la Rive Gauche, à deux pas des plus célèbres cafés et bistrots et de Montparnasse, un véritable oasis de paix et de raffinement. Et une atmosphère intimiste, un décor aux chromatismes tendres, un salon cosy avec cheminée crépitante en hiver, vue sur le patio, un confort à l'ancienne et un petit déjeuner à prendre sous la voûte ancienne. Les chambres sont personnalisées, certaines avec jardin privatif ou terrasse, dotées de tout le confort moderne, salles de bain et toilettes indépendantes, mobilier de style et accessoires de la vie contemporaine.

RESERVATION CENTER ✆ 01 42 25 10 10

## HÔTEL LE STENDHAL

22, RUE DANIELLE-CASANOVA
75002 - PARIS
métro : Opéra
TÉL : 01 44 58 52 52 • FAX : 01 44 58 52 00
Amex, Visa, Master Card, Diner's, Jcb, autre carte, Eurocard
email : h1610@accor-hotels.com

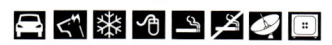

In the heart of the capital, time stands still in this hotel close to Place Vendôme, where the author of The Charterhouse of Parma used to live. It is between the Opera and the Tuileries Gardens, a stone's throw away from the Place de la Concorde and the La Madeleine church. Ideal as a business base or for a dreamy stroll around Paris, this hotel is a piece of history in itself, combining comfort with elegant decor. The bedrooms and suites are enhanced by the discreet charm of fine furniture and have all modern facilities: air conditioning, cable television, safe and mini-bar.

CLASSIC ROOM : 1470 FF : 224,10 €
SUPERIOR ROOM : 1660 FF : 253,07 €
JUNIOR SUITE - STENDHAL ROOM : 1850 to 2050 FF : 282,03 to 312,52 €
BREAKFAST : : 100 FF : 15,25 €

Hors du temps, au cœur de la capitale, sur les pas retrouvés de l'auteur de la Chartreuse de Parme - qui y vécut -, un hôtel proche de la place Vendôme, entre Opéra et Jardin des Tuileries, à deux pas de la place de la Concorde et de l'église de la Madeleine. Idéal pour vos déplacements d'affaires et vos rêveries de piéton de Paris, ce lieu empreint d'histoire fait rimer confort avec décor. Les chambres et suites arborent le charme discret des meubles d'art et offrent les équipements les plus modernes : air conditionné, télévision câblée, coffre-fort, mini-bar.

RESERVATION CENTER ✆ 01 42 25 10 10

## Hôtel Sully Saint Germain

31, RUE DES ÉCOLES
75005 - PARIS
*métro : Maubert Mutualité*
TÉL : 01 43 26 56 02 • FAX : 01 43 29 74 42
*Amex, Visa, Master Card, Diner's*
http://www.hotelsully.com - email : hotel@sullysaintgermain.com

In the heart of the Latin Quarter close to Saint-Germain-des-Prés, this hotel offers all the charm of a medieval decor that recalls the wealth of history of the city of Paris with, just a few minutes away, Cluny Abbey, Notre-Dame, the embankments, the Louvre and the Musée d'Orsay. Besides tastefully decorated bedrooms with beautiful pale stone walls, this charming residence of character has top quality facilities, including a jacuzzi, a sauna and a fitness centre. Our willing staff will attend to your every wish and make you feel completely at home.

SINGLE ROOM : 550 to 850 FF : 83,85 to 129,58 €
DOUBLE ROOM : 650 to 950 FF : 99,09 to 144,83 €
SUITE : 800 to 1100 FF : 121,96 to 167,69 €
BREAKFAST : 50 FF : 7,62 €

Au cœur du Quartier Latin et à fleur de Saint-Germain-des-Prés, cet hôtel offre le charme d'un décor médiéval qui rappelle le riche passé historique de Paris avec, à quelques minutes, l'Abbaye de Cluny, Notre-Dame, les quais de Paris et les musées du Louvre et d'Orsay. Demeure de charme et de caractère, il dispose, outre de chambres aux murs de pierres blondes et joliment habillées de tapisseries, d'un équipement haut de gamme, notamment avec jacuzzi, sauna et salle de remise en forme. Une vraie maison d'hôtes où toute une équipe dynamique est au service du client.

RESERVATION CENTER ✆ 01 42 25 10 10

# Hôtel La Tour Notre Dame

20, rue Sommerard
75005 - Paris
métro : Cluny Sorbonne
tél : 01 43 54 47 60 • fax : 01 43 26 42 34
Amex, Visa, Master Card, Diner's Club
http://www.tour-motre-dame.com - email tour-notre-dame@magic.fr

On the Left Bank, on the site of the former Hôtel de Cluny, between Notre-Dame and the Panthéon, you will find a hotel that swings to the rhythm of the jazz clubs and restaurants to be found all over the Latin Quarter. The bedrooms, decorated with colourful fabrics, provide every contemporary comfort: air conditioning, safe, mini-bar, hairdryer and satellite TV. Breakfast is served in a romantic vaulted breakfast room.

SINGLE ROOM : 890 FF : 135,68 €
DOUBLE ROOM : 955 FF : 145,59 €

BREAKFAST : 60 FF : 9,15 €

Sur la Rive Gauche, à l'emplacement de l'ancien hôtel de Cluny, entre Notre-Dame et Panthéon, un hôtel qui vit aujourd'hui au rythme des boîtes de jazz et des restaurants qui essaiment le cœur du Quartier Latin. Les chambres décorées de tissus en toile de jouy offrent tout le confort contemporain : air conditionné, coffre-fort, mini-bar, sèche-cheveux et TV satellite. En outre, l'hôtel met à votre disposition un ensemble de service tels que change, fax, pressing, réservation de spectacles et location de voitures. Le petit déjeuner est servi dans une romantique salle voûtée.

Reservation center  01 42 25 10 10

# HÔTEL TRONCHET

22, RUE TRONCHET
75008 - PARIS
métro : Madeleine
TÉL : 01 47 42 26 14 • FAX : 01 49 24 03 82
Amex, Visa, Master Card, Diner's, Jcb
http://www.hotel-tronchet.com - email : tronchet@club-internet.fr

Between La Madeleine and the Opera, the worlds of business and culture and the department stores are just a step away from this stylish, intimate hotel. Service with a smile and full comfort are the rule. The floral decor uses the finest materials in warm colours, with matching fabrics, and the bedrooms have every modern comfort. Ideal for a romantic holiday, the luxury bedrooms have canopy beds and a double jacuzzi with essential oils or a multijet hydromassage shower.

DOUBLE ROOM : 960 to 1060 FF : 146,35 to 161,60 €
BREAKFAST : 70 FF : 10,67 €

Entre Madeleine et Opéra, le Paris des affaires, celui de la culture et des grands magasins sont aux portes de cet hôtel feutré et intimiste. Accueil souriant et grand confort sont ici la règle. Entre décoration fleurie, avec de jolies matières et des teintes chaudes, harmonie de textiles et accords chromatiques, l'hôtel propose des chambres pourvues de tout le confort moderne. Idéales pour les séjours romantiques, les chambres de luxe offrent des lits à baldaquins et un jacuzzi double avec huiles essentielles ou une douche multijets à hydromassage.

RESERVATION CENTER  01 42 25 10 10

142

# LES BAINS DU MARAIS
## Un havre de paix au cœur du Marais

| | |
|---|---|
| HAMMAM | ESTHETIQUE |
| SAUNA | SALON DE COIFFURE |
| MASSAGE | PARFUMERIE |
| MANUCURE | ACCESSOIRES |
| PEDICURE | RESTAURANT |
| EPILATION | SALON DE THE |
| U.V.A. | |

**LES BAINS DU MARAIS**
For Men and Women
31-33, RUE DES BLANCS MANTEAUX - 75004 PARIS
Tél. : 01.44.61.02.02 - Fax : 01.44.61.02.29
Service voiturier assuré

OTIDIEN
Octave
Octave crèmes glacées et sorbets
Le Pain Quotidien
Notre Suggestion

# Best-Value

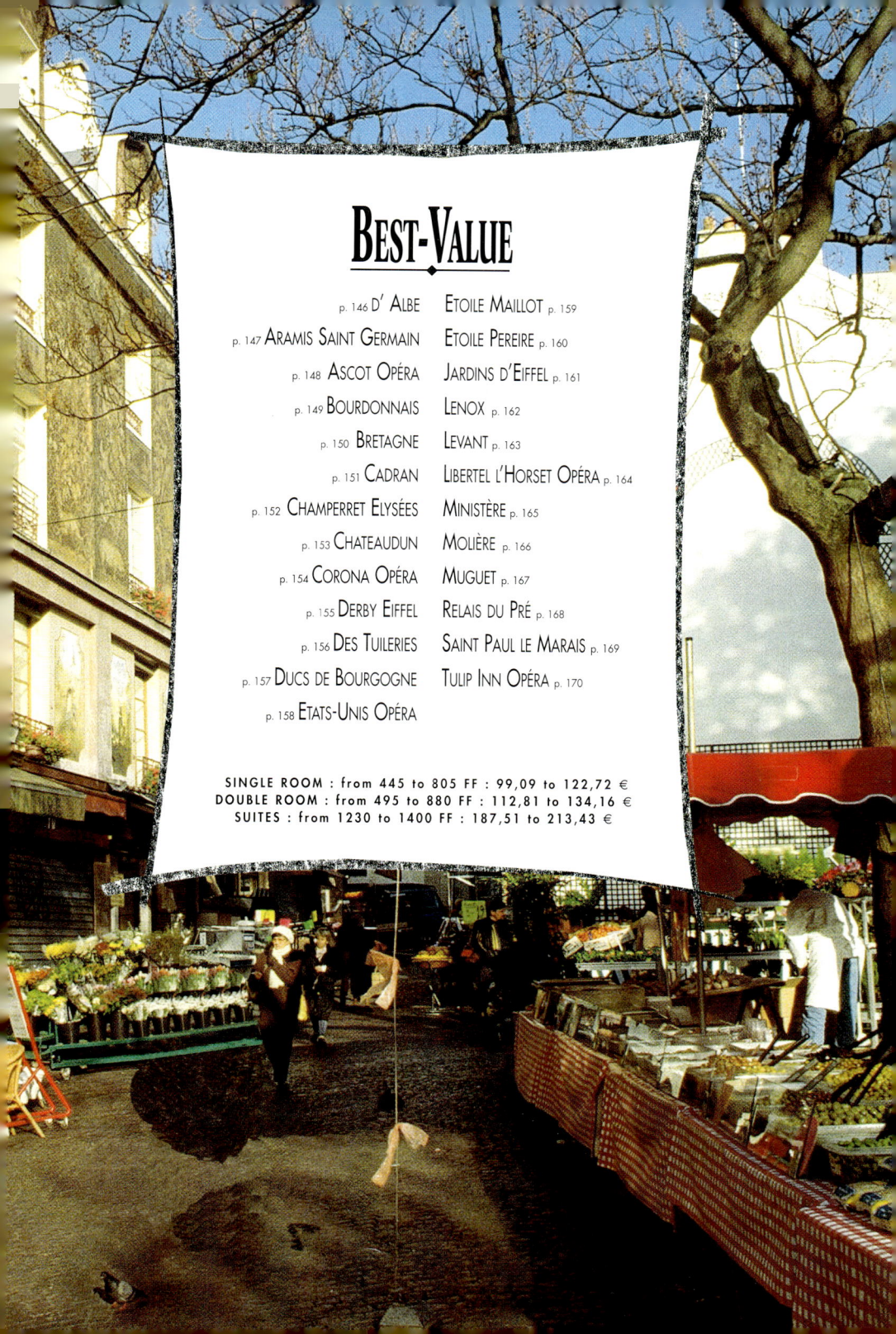

| | |
|---|---|
| p. 146 D' Albe | Etoile Maillot p. 159 |
| p. 147 Aramis Saint Germain | Etoile Pereire p. 160 |
| p. 148 Ascot Opéra | Jardins d'Eiffel p. 161 |
| p. 149 Bourdonnais | Lenox p. 162 |
| p. 150 Bretagne | Levant p. 163 |
| p. 151 Cadran | Libertel l'Horset Opéra p. 164 |
| p. 152 Champerret Elysées | Ministère p. 165 |
| p. 153 Chateaudun | Molière p. 166 |
| p. 154 Corona Opéra | Muguet p. 167 |
| p. 155 Derby Eiffel | Relais du Pré p. 168 |
| p. 156 Des Tuileries | Saint Paul le Marais p. 169 |
| p. 157 Ducs de Bourgogne | Tulip Inn Opéra p. 170 |
| p. 158 Etats-Unis Opéra | |

SINGLE ROOM : from 445 to 805 FF : 99,09 to 122,72 €
DOUBLE ROOM : from 495 to 880 FF : 112,81 to 134,16 €
SUITES : from 1230 to 1400 FF : 187,51 to 213,43 €

# HÔTEL D'ALBE

1, RUE DE LA HARPE
75005 - PARIS
*métro : Saint-Michel*
TÉL : 01 46 34 09 70 • FAX : 01 40 46 85 70
*Amex, Visa, Master Card, Diner's, Jcb*
*email : albehotel@wanadoo.fr*

A magnificent hotel at the heart of Old Paris in the atmosphere of the Latin Quarter and Saint-Germain-de-Prés, practically on the edge of the quay near Notre-Dame and the Louvre and Orsay museums. The entirely refurbished rooms are equipped with all modern conveniences: air-conditioning, soundproofing, safe, mini-bar, hair dryer and satellite television. The RER railway provides direct access to Orly and Roissy airports as well as to Villepinte exhibition hall.

SINGLE ROOM : 630 to 880 FF : 96,04 to 134,15 €
DOUBLE ROOM : 710 to 900 FF : 108,24 to 137,20 €

BREAKFAST : 55 FF : 8,38 €

Un hôtel magnifiquement situé au cœur du vieux Paris, dans l'atmosphère du Quartier Latin et de Saint-Germain-des-Prés, à proximité de Notre-Dame, des musées du Louvre et d'Orsay, presque à fleur de quai. Les chambres entièrement rénovées sont équipées de tout le confort moderne : air conditionné, insonorisation, coffre-fort, mini-bar, sèche-cheveux et télévision satellite. Vous bénéficiez, par le RER, de l'accès direct aux aéroports de Orly et Roissy ainsi qu'au hall d'exposition de Villepinte.

RESERVATION CENTER ✆ 01 42 25 10 10

# Hôtel Aramis Saint Germain

124, rue de Rennes
75006 - Paris
*métro : Saint-Placide*
TÉL : 01 45 48 03 75 • FAX : 01 45 44 99 29
*Amex, Visa, Master Card, Diner's, Jcb*
http://www.hotel-aramis.com – email : infos@hotel-aramis.com

Here is a special address to be noted by businessmen or travellers, who want to get to know Paris with its lovers, its artists, students and poets. Located in a magical part of town, a veritable cultural centre, just minutes away from Montparnasse, Saint-Germain-des-Prés, the Luxembourg Gardens and the Louvre and Orsay museums, this hotel provides pleasant service with all modern conveniences. From here you can also visit the antique shops, fashion boutiques and fashionable restaurants, Notre-Dame and the Eiffel Tower. The ideal place to really enjoy Paris!

SINGLE ROOM : 550 to 850 FF : 84 to 130 €
DOUBLE ROOM : 600 to 950 FF : 92 to 145 €

BREAKFAST : 55 FF : 8,38 €

Saint-Germain-des-Près, Montparnasse, le Jardin du Luxembourg. Voici l'adresse privilégiée pour vos séjours d'affaires ou de détente. C'est ici que l'Hôtel Aramis Saint Germain vous offrira son ambiance charmante, son accueil attentionné, son confort moderne (TV satellite, climatisation...). Dans ce quartier magique, vous trouverez les antiquaires, les restaurants institutionnels (les Deux Magots, La Coupole...) et à la mode, les "fashion boutiques". Mais aussi, les plus beaux monuments de Paris avec le Musée d'Orsay, Notre-Dame, la Tour Eiffel, les Invalides...
L'Hôtel Aramis vous souhaite un agréable séjour à Paris.

RESERVATION CENTER ✆ 01 42 25 10 10

# Hôtel Ascot Opéra

2, rue Monsigny
75002 - Paris
*métro : Opéra - Quatre Septembre*
TÉL : 01 42 96 87 66 • FAX : 01 49 27 06 06
*Amex, Visa, Master Card, Diner's,*
http://www.ascot.opera.hotel.com - email : hotel.ascot.opera@wanadoo.fr

This charming hotel was the former mansion of composer Jacques Offenbach, author of La Vie Parisienne. Right in the heart of Paris, it is close to the Louvre Museum, the Palais-Royal Gardens, the Bourse, the business district, excellent shopping and all the sights. This little corner of paradise has individually decorated bedrooms, all to the highest standards of comfort. The very cosy bar provides snacks, and the hotel also has a private garage.

SINGLE ROOM : 480 to 790 FF : 74 to 120 €
DOUBLE ROOM : 630 to 1100 FF : 96 to 167 €

BREAKFAST : 45 FF : 7 €

Cet hôtel de charme fut l'ancien hôtel particulier du compositeur Jacques Offenbach, l'auteur de La Vie Parisienne. Et c'est donc au cœur de Paris, proche du musée du Louvre, des jardins du Palais-Royal, de la Bourse et du quartier des affaires, du shopping et du tourisme, que ce calme petit coin de paradis offre des chambres au décor personnalisé qui, toutes, bénéficient du confort le plus moderne. Un garage privé est également à votre disposition et le bar très cosy offre la possibilité d'une collation légère.

RESERVATION CENTER ✆ 01 42 25 10 10

# HÔTEL LA BOURDONNAIS

111-113, AVENUE DE LA BOURDONNAIS
75007 - PARIS
*métro : Ecole Militaire*
TÉL : 01 47 05 45 42 • FAX : 01 45 55 75 54
*Amex, Visa, Master Card, Diner's, Jbc*

In an elegant residential district on a bend of the Seine between the Alma and Iéna bridges, on a broad avenue bordering the Champ de Mars and the Eiffel Tower, a few steps from the Invalides and the Trocadéro, this hotel offers tranquillity and charm. Rooms, including three junior suites, are equipped with all modern facilities: air-conditioning. safe, sound-proofing, hair drier, cable TV, choice of films, automatic alarm call. Breakfast is served in a lush indoor garden, and the star awarded "Le Bourdonnais" restaurant serves very high quality cuisine.

SINGLE ROOM : 630 FF : 96,04 €
DOUBLE ROOM : 750 FF : 114,34 €

TRIPLE ROOM : 890 FF : 135,68 €
JUNIOR SUITE : 1100 FF : 167,69 €
BREAKFAST : 47 FF : 7,17 €

Dans un élégant quartier résidentiel, au détour d'une boucle de Seine, entre le pont de l'Alma et celui d'Iéna, sur une large avenue longeant le Champ-de-Mars et la Tour Eiffel, à deux pas des Invalides et du Trocadéro, voici une demeure qui offre quiétude et charme. Les chambres - dont trois suite junior - sont équipées de tout le confort moderne : air conditionné, coffre-fort, insonorisation, sèche-cheveux, TV câblée, films à la carte, réveil automatisé. Le petit déjeuner sera pris dans un verdoyant jardin intérieur et le restaurant étoilé "Le Bourdonnais" est une halte de grande qualité.

RESERVATION CENTER  01 42 25 10 10

14e

## Hôtel de Bretagne

33, rue Raymond Losserand
75014 - Paris
*métro : Pernety-Gaîté*
TÉL : 01 45 38 52 59 • FAX : 01 45 38 50 39
*Amex, Visa, Master Card, Diner's, Jcb*
http://www.bwbretagnemontparnasse.com -
email : bwbm@bwbretagnemontparnasse.com

Just minutes away from the real Left Bank venues – Montparnasse and Saint-Germain-des-Prés with its tourists, its students and boutiques. This is a genuine Paris life hotel, with character and a harmony of soft colours that combine with quality service. The recently renovated rooms, including 11 for three or four persons, have all the modern amenities – bathrooms with hair driers, direct dial telephones, computer modem plugs, satellite TV and radio. Note this address for a worthwhile, cosy stopover.

SINGLE ROOM : 800 FF : 121,96 €
DOUBLE ROOM : 800 FF : 121,96 €
SUITE : 950 FF : 144,83 €
APARTMENT : 1050 FF : 160,07 €
BREAKFAST : 50 FF : 7,62 €

A quelques minutes de la Rive Gauche, Montparnasse, Saint-Germain-des-Prés, ses touristes, ses étudiants et ses boutiques sont à deux pas. Dans cet hôtel au cœur de la vie parisienne, vous êtes accueillis dans un lieu de charme où harmonie et chromatismes tendres du décor font écho à la qualité des services. Les chambres récemment rénovées - dont 11 triples ou quadruples - sont dotées de tous équipements modernes : salles de bain avec sèche-cheveux, téléphone direct, prise PC-Modem, télévision par satellite, radio. Une adresse douillette qui mérite l'étape.

RESERVATION CENTER ✆ 01 42 25 10 10

## HÔTEL DU CADRAN

10, RUE DU CHAMP DE MARS
75007 - PARIS
*métro : Ecole Militaire*
TÉL : 01 40 62 67 00 • FAX : 01 40 62 67 13
*Amex, Visa, Master Card, Diner's*
http://www.hotelducadran.com - email : lecadran@worldnet.fr

The Hotel du Cadran is located nearby the Eiffel Tower in the posh area of the Invalides which provides a sea of calm in the ocean of activity which sometimes characterizes Paris. Classical style and character for this hotel decorated with wood pannelling, fresh cut flowers and a lovely 17 th century fireplace in the lounge. Breakfast is served in a superb vaulted room. The hotel has been recently remodeled and the 42 rooms are climatized and offer great comfort : warm colours, refined fabrics, light and cosy. Whether you're travelling for business or leisure, you'll appreciate the quality of the Concierge service. Parking 200 m.

**SINGLE OR DOUBLE ROOM : 895 FF : 136,44 €**
**DOUBLE SUPERIOR OR TWIN ROOM : 980 FF : 149,40 €**

**BREAKFAST : 55 FF : 8,38 €**

A deux pas de la Tour Eiffel et des Invalides, l'Hôtel du Cadran profite d'une tranquillité infaillible. Une adresse qui entretient habilement le charme, au grè d'un cadre ancien et chaleureux. Boiseries, bouquets de fleurs fraîches et cheminées du XVIIème siècle pour le paisible salon, tandis que le petit déjeuner est servi dans une superbe salle voûtée. Entièrement refaites à neuf et climatisées, les 42 chambres affichent une ambiance cosy comme on les aime : couleurs chaudes, matières raffinées, lumière et confort. Que vous voyagez pour votre plaisir ou pour vos affaires, vous apprécierez la qualité des services que l'hôtel dispense. Parking à 200 m.

RESERVATION CENTER ✆ 01 42 25 10 10

17e

# CHAMPERRET ELYSÉES HÔTEL

129, AVENUE DE VILLIERS
75017 - PARIS
*métro : Porte de Champerret*
TÉL : 01 47 64 44 00 • FAX : 01 47 63 10 58
*Amex, Visa, Master Card, Diner's, Jcb*
http://www.hotel-champerret-elysees.fr - email : champerret-elysees@compuserve.com

A charming hotel in a busy area near the Champs-Elysées where guests are greeted in a warm and friendly atmosphere, with an elegant lounge for relaxation, a convivial private bar for appointments, and an exceptional buffet breakfast served in a bright flower filled room. The rooms with their modern decor have all modern amenities: air-conditioning, safe, hair drier and cable and satellite television, with video, Playstation, Internet access.

SINGLE ROOM : 500 to 710 FF : 76,22 to 108,24 €
DOUBLE ROOM : 510 to 720 FF : 77,75 to 109,76 €

BREAKFAST : 70 FF : 10,67 €

Un hôtel de charme, avec un accès facile aux Champs-Elysées dans un quartier animé, où l'on vous accueille dans une ambiance chaleureuse : salon élégant pour la détente, bar privé convivial pour vos rendez-vous et petit déjeuner-buffet d'exception servi dans une fraîche salle fleurie. Les chambres à la décoration moderne sont équipées de tout le confort contemporain : air conditionné, coffre-fort, sèche-cheveux, télévision câble et satellite, vidéo, accès Internet.

RESERVATION CENTER ✆ 01 42 25 10 10

# HÔTEL DE CHATEAUDUN

30, RUE DE CHATEAUDUN
75009 - PARIS
*métro : Notre-Dame-De-Lorette*
TÉL : 01 49 70 09 99 • FAX : 01 49 70 06 99
*Amex, Visa, Master Card, Diner's, Jcb*
http://www.hotel.chateaudun@wanadoo.fr

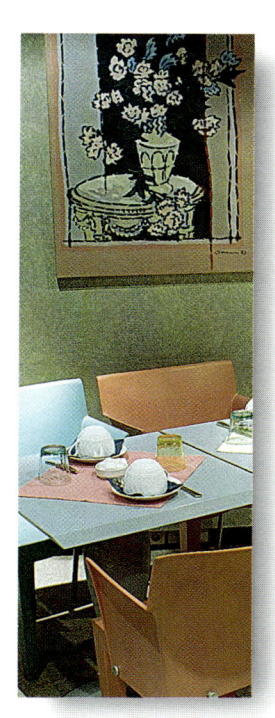

This 3-star hotel, situated between Montmartre and the Opera, at the heart of the business area with its department stores and theatres, has been entirely refurbished. Close to the Gare du Nord and Saint-Lazare railway stations and the new Eole metro line, the Chateaudun combines charm, comfort and modern decor, while providing warm and personal service. All rooms are air-conditioned, sound proof and equipped with international channel television and all modern amenities. The hotel also provides facilities for business breakfasts and function rooms.

SINGLE ROOM : 680 FF : 103,67 €
DOUBLE ROOM : 810 FF : 123,48 €
TRIPLE SUITE : 1000 FF : 152,45 €
APARTMENT : 1400 FF : 213,43 €
BREAKFAST : 50 FF : 7,62 €

Situé entre Montmartre et Opéra, au cœur du quartier des affaires, des grands magasins et des théâtres, cet hôtel 3 étoiles a été entièrement rénové. A proximité des gares du Nord et de Saint-Lazare, de la nouvelle ligne de métro Eole, il allie le charme, le confort et la décoration contemporaine tout en réservant un accueil chaleureux et personnalisé. Toutes les chambres sont climatisées, insonorisées, disposent des chaines de télévision internationales et de tout le confort moderne. L'hôtel offre également la possibilité de petits déjeuners d'affaires et de salles de réunion.

153 RESERVATION CENTER 01 42 25 10 10

## HÔTEL CORONA OPERA

8, CITÉ BERGÈRE
75009 - PARIS
*métro : Grands Boulevards*
TÉL : 01 47 70 52 96 • FAX : 01 42 46 83 49
*Amex, Visa, Master Card, Diner's, Jcb*
http://www.regetel.com - email : info@regetel.com

This is a real haven of peace, with its own private road and car park, located at the heart of lively Paris. For business travelers, near the Bourse and the Drouot sales rooms; and for shoppers and night birds, near the large department stores, Opéra Garnier, the cinemas, the restaurants and theatres. This three-star hotel combines quality with personal service. It has an enormous lounge and its rooms and four suites with marble bathrooms have all the modern amenities – personal safe, mini-bar, direct dialing telephone and satellite TV.

SINGLE ROOM : 620 to 720 FF : 94,52 to 109,76 €
DOUBLE ROOM : 680 to 790 FF : 103,67 to 120,43 €
SUITE : 1000 to 1100 FF : 152,45 to 167,69 €
BREAKFAST : 50 FF : 7,62 €

Au cœur du Paris qui bouge, celui des affaires - la Bourse, la salle des ventes de Drouot -, des grands magasins et de la nuit - Opéra Garnier, cinémas, restaurants et théâtres -, dans une voie privée avec parking, un hôtel qui est un vrai havre de paix. Classé trois étoiles, il vous offre le privilège de la qualité et d'un accueil personnalisé. Outre un vaste salon, ses chambres et suites (4) aux salles de bains en marbre bénéficient de tout le confort contemporain : coffre-fort, mini-bar, téléphone direct, TV satellite.

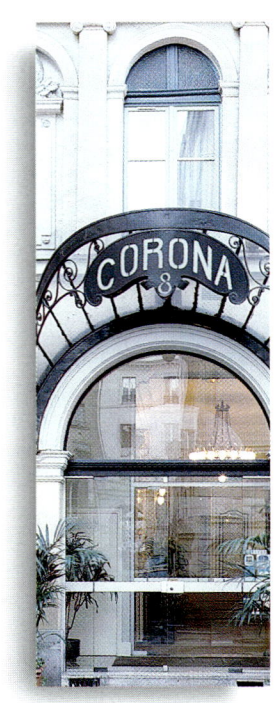

RESERVATION CENTER ✆ 01 42 25 10 10

# HÔTEL DERBY EIFFEL

5, AVENUE DUQUESNE
75007 - PARIS
métro : Ecole Militaire
TÉL : 01 47 05 12 05 • FAX : 01 47 05 43 43
N° VERT : 0800 521841
Amex, Visa, Master Card, Diner's, Jcb
http://www.derbyParisHotel.com - email : Info@derbyeiffelhotel.fr

Located at the heart of one of the most elegant residential districts in Paris, a few steps from the Eiffel Tower, the Invalides and the centre of the antiques trade and at no distance from the Champs-Elysées. Enjoy an exceptional stay in this charming three star hotel which also provides the peace of a lovely garden as well as a cosy lounge and the comfort of a private bar. The comfortable and harmoniously decorated rooms provide all modern amenities: mini-bar, satellite TV and personal safe. Two lounges that can accommodate 10 to 60 people are fitted for social and business functions.

SINGLE ROOM : 595 to 690 FF : 90,71 to 105,19 €
DOUBLE ROOM : 690 to 750 FF : 105,19 to 114,34 €
SUITE : 900 to 1200 FF : 137,20 to 182,94 €
BREAKFAST : 65 FF : 9,91 €

Au cœur de l'un des quartiers résidentiels les plus élégants de Paris, à deux pas de la Tour Eiffel, des Invalides et du Carré des antiquaires, non loin des Champs-Elysées, vous résidez de manière privilégiée dans un trois étoiles de charme qui vous offre également la quiétude d'un ravissant jardin tout autant qu'un salon cosy ou le confort d'un bar intimiste. Les chambres confortables et harmonieuses -proposent tout le confort moderne : mini-bar, TV satellite et coffre-fort individuel. Deux salons pouvant accueillir de 10 à 60 personnes sont équipés pour conférences, réceptions et séminaires.

155  RESERVATION CENTER  ✆ 01 42 25 10 10

# HÔTEL DES TUILERIES

10, RUE SAINT-HYACINTHE
75001 - PARIS
*métro : Tuileries - Pyramides*
TÉL : 01 42 61 04 17 • FAX : 01 49 27 91 56
*Amex, Visa, Master Card, Diner's, Jcb*
http://members.aol.com/htuileri - email : htuileri@aol.com

A discreet hotel benefiting from an exceptional, calm location between the Tuileries Gardens, the Louvre, the Orsay museum, Place Vendôme and the new Place du Marché Saint-Honoré, beautifully renovated by Ricardo Bofill. This authentic 18th century residence restored around a contemporary patio was once the property of Queen Marie-Antoinette's first lady-in-waiting. The lounge, bar, quiet air-conditioned rooms with refined decor and all the modern conveniences (cable TV, mini-bar, individual safe), paintings, antique furniture and carpets make it a unique place.

SINGLE ROOM : 590 to 990 FF : 89,94 to 150,92 €
DOUBLE ROOM : 690 to 1400 FF : 105,19 to 213,43 €
APARTMENT : 1200 to 1800 FF : 182,94 to 274,41 €
BREAKFAST : 70 FF : 10,67 €

Un hôtel discret qui bénéficie d'une situation exceptionnelle et calme, entre les jardins des Tuileries, le Louvre, le musée d'Orsay, la place Vendôme et la toute nouvelle place du marché Saint-Honoré joliment rénovée par Ricardo Bofill. Cette authentique demeure du XVIIIe, restaurée autour d'un patio contemporain, fût la propriété de la première dame de la reine Marie-Antoinette. Salon, bar, chambres silencieuses et climatisées au décor raffiné avec tout le confort contemporain (télévision câblée, mini-bar, coffre-fort individuel), tableaux, meubles anciens et tapis en font un lieu unique.

RESERVATION CENTER 01 42 25 10 10

# Hôtel Ducs de Bourgogne

19, rue du Pont Neuf
75001 - Paris
*métro : Chatelet*
TÉL : 01 42 33 95 64 • FAX : 01 40 39 01 25
*Amex, Visa, Master Card, Diner's, Jcb*
http://www.hoteldesducsdebourgogne.fr · email : hotelduc@micronet.fr

This hotel is exceptionally well situated at the heart of Old Paris, only a few steps from the Pont-Neuf, the Châtelet and the Louvre and Orsay museums. From the moment you enter, the refined decor, harmonious colours and polished antique furniture are a delight, and the warm welcome, friendly smiles and courtesy of the Paris hotel tradition work wonders. The rooms, elegantly decorated in soft tones are equipped with all modern conveniences. The breakfast room, with its fireplace and stone walls, provides an atmosphere of comforting privacy.

SINGLE ROOM : 770 FF : 117,38 €
DOUBLE ROOM : 870 FF : 132,83 €

APARTMENT : 1250 FF : 190,56 €
BREAKFAST : 60 FF : 9,14 €

A deux pas du Pont-Neuf, du Châtelet et des musées du Louvre et d'Orsay, au cœur du Vieux Paris, l'hôtel offre une situation exceptionnelle. Le seuil franchi, vous découvrez un décor raffiné où l'harmonie des couleurs et les meubles anciens joliment polis ravissent, où l'accueil chaleureux, les sourires offerts sans réticences et la courtoisie de la grande tradition hôtelière parisienne font merveille. Les chambres au décor élégant dans des tonalités douces bénéficient de tout le confort moderne. La salle du petit-déjeuner, avec sa cheminée et ses murs de pierre de taille est d'une intimité rassurante.

Reservation center 01 42 25 10 10

# Hôtel États-Unis Opéra

16, rue d'Antin
75002 - Paris
*métro* : Opéra
TÉL : 01 42 65 05 05 • FAX : 01 42 65 93 70
*Internet* : US-opera.com
*Amex, Visa, Master Card, Diner's*

Ideally situated for the tourist sights, just a few yards from the Place du Marché Saint-Honoré renovated by Ricardo Bofill, the Opéra Garnier, Place Vendôme and its jewellers, the Tuileries Gardens and the Louvre, this elegant, friendly hotel is located in a quiet street. The bedrooms and bathrooms have individual colour schemes and have the advantage of every modern convenience, air-conditioning and modem. Breakfast is served in "Le Buckingham" bar where, amid the stylish woodwork, you can enjoy the atmosphere and charm of an English gentlemen's club.

SINGLE ROOM : 680 to 1050 FF : 103,67 to 160,07 €
DOUBLE ROOM : 850 to 1200 FF : 129,58 to 182,94 €
SUITE : 1600 FF : 243,92 €
BREAKFAST : 60 FF : 9,15 €

Au cœur du Paris touristique, à quelques pas de la place du Marché-Saint-Honoré rénovée par Ricardo Bofill, de l'Opéra Garnier, de la place Vendôme et ses joailliers, du Jardin des Tuileries et du Musée du Louvre, dans la quiétude d'une rue peu passante, voilà un hôtel chaleureux et raffiné. Les chambres et les salles de bain sont déclinées dans des harmonies de couleurs différentes et bénéficient de tout le confort contemporain : climatisation, prises modem. Le petit-déjeuner est servi au bar boisé "Le Buckingham" où vous retrouverez l'atmosphère et le charme des clubs anglais.

Reservation center ✆ 01 42 25 10 10

## Hôtel Etoile Maillot

10, rue du Bois de Boulogne
75016 - Paris
*métro : Argentine*
tél : 01 45 00 42 60 • fax : 01 45 00 55 89
*Amex, Visa, Master Card, Diner's, Jcb*

This residence, near the Bois de Boulogne, between the Arc de Triomphe and the Palais des Congrès, in line with the Champs-Elysées and the La Défense business centre, combines the charm of a small traditional hotel with pretty antique furniture and practical modern services. The softly decorated single suite and rooms all have marble bathrooms, mini-bar, hair drier and colour TV. Reception is friendly and professional. An hotel at the heart of Paris life.

SINGLE ROOM : 600 to 730 FF : 92 to 112 €
DOUBLE ROOM : 630 to 760 FF : 96 to 116 €
SUITE : 850 to 880 FF : 130 to 134 €

BREAKFAST : 45 to 65 FF : 8 to 10 €

Proche du Bois de Boulogne, entre l'Arc de Triomphe et le Palais des Congrès, dans l'axe de l'avenue des Champs-Elysées et du centre d'affaires de La Défense, une demeure qui allie le charme d'un petit hôtel de tradition - avec de bien jolis meubles anciens - à l'efficacité des prestations modernes. Les chambres aux chromatismes tendres bénéficient toutes de salle de bain en marbre, mini-bar, sèche-cheveux et TV couleur. Les juniors suites sont climatisées et l'accueil est d'un professionnalisme souriant. Un lieu au cœur de la vie parisienne.

RESERVATION CENTER ☎ 01 42 25 10 10

## Hôtel Etoile Pereire

146, BOULEVARD PEREIRE
75017 - PARIS
métro : Pereire
TÉL : 01 42 67 60 00 • FAX : 01 42 67 02 90
Amex, Visa, Master Card, Diner's
http://www.etoileper.com - email : info@etoileper.com

A true oasis of quiet at the heart of the triangle formed by the Etoile, the Palais des Congrès and the Espace Champerret in which all but one of the rooms open on a quiet inner courtyard. All rooms are individually decorated, providing a choice of exotic decor - Chinese, Indian, tropical or African savannah - or period styles - French Empire, Art Deco, French Regency, Napoleon III. A suite and 4 duplex apartments are also available. The reception lounge is cosy, the bar ideal for relaxation, and the breakfasts served in the dining room truly remarkable.

SINGLE ROOM : 620 to 720 FF : 94,52 to 109,76 €
DOUBLE ROOM : 810 FF : 123,48 €
SUITE : 1120 FF : 170,74 €
BREAKFAST : 60 FF : 9,15 €

Un véritable "ilôt du silence" au cœur du triangle Etoile, Palais des Congrès et Espace Champerret où toutes les chambres - à une exception près - donnent sur une cour intérieure calme. Toutes les chambres sont personnalisées proposant soit une atmosphère éxotique, à la décoration chinoise, indienne, tropicale ou savane, soit des styles d'époque, Empire, Art Déco, Régence, Napoléon III, une suite et 4 duplex sont également disponibles. Le salon d'accueil est cosy, le coin-bar idéal pour la détente et les petits déjeuners, servis dans la salle à manger, sont remarquables.

RESERVATION CENTER ✆ 01 42 25 10 10

## HÔTEL LES JARDINS D'EIFFEL

8, RUE AMÉLIE
75007 - PARIS
*métro : La Tour Maubourg - RER Invalides*
TÉL : 01 47 05 46 21 • FAX : 01 45 55 28 08
Amex, Visa, Master Card, Diner's
email : eiffel@acom.fr

In central Paris, close to the Eiffel Tower, the Champ de Mars and the Champs-Elysées, a charming hotel on the Left Bank in the quiet residential district of Les Invalides. Its tranquil atmosphere, its garden-terrace, its smiling, helpful staff and its elegant decor make it a hotel in the great Parisian tradition. The bedrooms, each with balcony or terrace, including 60 giving onto the interior garden with a view of the Eiffel Tower, have every modern comfort and convenience.

SINGLE ROOM : 570 to 810 FF : 86,90 to 123,48 €
DOUBLE ROOM : 670 to 970 FF : 102,14 to 147,88 €

BREAKFAST : 65 FF : 9,91 €
GARAGE : 110 FF /24h

Au cœur de Paris, à quelques pas de la Tour Eiffel, du Champ-de-Mars et des Champs-Elysées, un hôtel de charme sur la Rive Gauche, dans le calme quartier résidentiel des Invalides. La sérénité de son ambiance, le jardin-terrasse, l'accueil toujours souriant, la disponibilité de son personnel et le goût du raffinement en font une adresse de la grande tradition hôtelière parisienne. Les chambres, avec balcon, terrasse, dont 60 sur le jardin intérieur offrant un coup d'oeil sur la Tour Eiffel, bénéficient de tout le confort moderne..

RESERVATION CENTER  01 42 25 10 10

## Hôtel Lenox

15, RUE DELAMBRE
75014 - PARIS
métro : Vavin - Edgard Quinet
TÉL : 01 43 35 34 50 • FAX : 01 43 20 46 64
Amex, Visa, Master Card, Diner's

🇬🇧 This hotel displays simple refinement and cleverly combines old (white roof beams and ceramic fireplaces) with new (sophisticated lighting and perfect insulation). Each room is different and is an example of that traditional French hotel luxury that is not showy or lacking in taste. Hôtel Lenox has a loyal clientele that especially likes it because it is quiet, but nevertheless minutes away from the noise and buzz of Montparnasse. Service is always with a smile and the bar is open until 2 am which is an added bonus.

SINGLE ROOM : 590 FF : 89,94 €
DOUBLE ROOM : 590 to 700 FF : 89,94 to 106,71 €
JUNIOR SUITES : 1100 to 1350 FF : 167,69 to 205,81 €
BREAKFAST : 50 FF : 7,62 €

🇫🇷 Simplicité raffinée pour cet hôtel mêlant intelligemment l'ancien (poutres blanches et cheminées de faience) et le moderne (éclairages sophistiqués et isolation parfaite). Toutes les chambres sont différentes et illustrent ce luxe discret, sans tapage ni faute de goût, qui s'inscrit parfaitement dans la tradition hôtelière française. L'endroit a ses fidèles qui apprécient particulièrement son calme, à deux pas du bruit et de l'animation nocturne de Montparnasse. L'accueil est toujours souriant. Et le bar est ouvert jusqu'à 2 heures du matin, ce qui ne gâche rien.

RESERVATION CENTER ✆ 01 42 25 10 10

## HÔTEL DU LEVANT

18, RUE DE LA HARPE
75005 - PARIS
*métro : Saint-Michel*
TÉL : 01 46 34 11 00 • FAX : 01 46 34 25 87
*Amex, Visa, Master Card*
http://www.perso.club-internet.fr/hlevant - email: hlevant@club-internet.fr

This hotel is located at the heart of the Latin Quarter, characterised by its inventiveness, its friendliness and its bohemian picturesqueness. You cannot fail to be pleasantly surprised by the unexpected range of boutiques and restaurants around the hotel. The establishment, which combines atmosphere with modernity, has belonged to the same family for four generations, which over the years has managed to adapt its amenities to the demands of the period, without losing its character. The rooms have all the expected conveniences and there is direct access to the airports, stations and exhibition centre.

SINGLE ROOM : 560 to 670 FF : 86 to 103 €
DOUBLE ROOM : 650 to 850 FF : 100 to 130 €

SUITE : 1600 to 1800 FF : 245 to 275 €
BREAKFAST : 40 FF : 6 €

Novateur et sympathique, bohème et pittoresque, voilà bien l'esprit de ce Quartier Latin au cœur duquel se situe l'Hôtel du Levant. Vous serez notamment enchantés de l'aubaine que représente les nombreuses boutiques et restaurants qui l'entourent. Alliant charme et nouveauté, cet hôtel appartient à la même famille depuis 4 générations et, au fil des ans et de l'air du temps, il a su adapter son confort au goût du jour sans pour autant perdre son âme. Les chambres disposent de tout le confort que vous êtes en droit d'attendre, facilité par l'accès direct aux aéroports, gares et parc des expositions.

RESERVATION CENTER  01 42 25 10 10

## Hôtel Libertel l'Horset Opéra

18, rue d'Antin
75002 - Paris
*métro : Opéra*
TÉL : 01 44 71 87 00 • FAX : 01 42 66 55 54
*Amex, Visa, Master Card, Diner's, Jcb*

This charming hotel between the Opera and the grand department stores is a little haven of peace in one of the busiest areas of Paris. Comfort and elegance are the keynote as soon as you enter the foyer with its honey-coloured wood paneling, and you are welcomed with courtesy and professionalism. Paintings delight the eye throughout the hotel, from the breakfast room, a veritable art gallery full of colour, right up to the six upper floors - one of which is entirely reserved for non-smokers - where the air-conditioned rooms offer modern comfort and a sparkling decor.

SINGLE ROOM : 1340 FF : 195,90 €
DOUBLE ROOM : 1480 FF : 216,54 €
APARTMENT : 2800 FF : 426,86 €
BREAKFAST : 80 FF : 12,20 €

Entre Opéra et Grands Magasins, cet hôtel de charme est un petit hâvre de paix dans un des quartiers les plus animés de la capitale. Dès l'entrée, dans le hall aux boiseries blondes, confort et élégance dominent et vous êtes accueillis avec courtoisie et professionnalisme. Pour le plaisir des yeux, le décor de l'hôtel est ponctué de tableaux, depuis la salle du petit déjeuner qui est une véritable galerie de peintures hautes en couleurs jusque dans les six étages - dont un entièrement réservé aux non-fumeurs - qui abritent les chambres climatisées d'un confort contemporain et au décor chatoyant.

RESERVATION CENTER ✆ 01 42 25 10 10        164

# HÔTEL DU MINISTERE

31, RUE DE SURENE
75008 - PARIS
*métro : Madeleine*
TÉL : 01 42 66 21 43 • FAX : 01 42 66 96 04
*Amex, Visa, Master Card, Diner's*
http://www.ministerehotel.com - email : ministere@aol.com

In the heart of the Paris business and fashion districts, in a quiet street between La Madeleine and the Champs-Elysées, this is a charming, comfortable hotel in very pleasant surroundings. The spacious, individually decorated bedrooms have every modern comfort: air-conditioning, mini-bar, radio-alarm, hairdryer, cable TV and direct-dial telephone. At reception, you can send or receive a fax and reserve restaurants, shows and theatre tickets. Guarded car park close by.

**SINGLE ROOM : 590 to 690 FF : 89,94 to 105,19 €**
**DOUBLE ROOM : 790 to 840 FF : 120,43 to 128,06 €**

**BREAKFAST : 50 to 70 FF : 7,62 to 10,67 €**

Au cœur du Paris des affaires et de la mode, dans un cadre agréable et convivial, située dans une rue calme entre Madeleine et Champs-Elysées, une demeure qui allie charme et confort. Les chambres spacieuses et climatisées - au décor personnalisé - bénéficient des équipements contemporains : mini-bar, radio-réveil, sèche-cheveux, télévision câblée et téléphone direct. La réception assure le service de télécopie et se charge des réservations de restaurants, de spectacles et de théâtres. Un parking gardé est à proximité.

RESERVATION CENTER  01 42 25 10 10

## Hôtel Moliere

21, rue Molière
75001 - Paris
*métro : Pyramides*
tél : 01 42 96 22 01 • fax : 01 42 60 48 68
*Amex, Visa, Master Card, Diner's, Jcb*
email : moliere@worldnet.fr

A very private hotel at the heart of Paris, between the Louvre and Orsay museums and the business quarters and Paris Bourse, right next to the Palais-Royal gardens and the Opéra Garnier as well as the Place Vendôme and large department stores, providing both a personal service and a cosy setting with all modern conveniences. Rooms and suites are equipped with mini-bar, television with satellite channels and direct dialing digital telephone.

SINGLE ROOM : 750 FF : 114,34 €
DOUBLE ROOM : 850 FF : 129,58 €
APARTMENT : 1500 FF : 228,67 €
BREAKFAST : 70 FF : 10,67 €

Au cœur de Paris, entre les musées du Louvre et d'Orsay et le Paris des affaires et de la Bourse, à proximité immédiate des jardins du Palais-Royal et de l'Opéra Garnier comme de la place Vendôme et des Grands Magasins, un hôtel intimiste qui vous offre, outre son accueil personnalisé, un cadre cosy et tout le confort moderne. Les chambres et suites sont équipées de mini-bar, télévision avec chaînes satellite, et téléphone numérique direct.

Reservation center ☎ 01 42 25 10 10

## HÔTEL MUGUET

11, RUE CHEVERT
75007 - PARIS
*métro : Ecole Militaire*
TÉL : 01 47 05 05 93 • FAX : 01 45 50 25 37
*Amex, Visa, Master Card, Jcb*
http://www.hotelmuguet.com - email : muguet@wanadoo.fr

On the Left Bank in a residential area almost on the Seine, close to the main business centres, the Eiffel Tower, the Trocadéro and Les Invalides, a charming hotel in classic, traditional style in a quiet street. Recently renovated in their entirety, the bedrooms provide all modern comforts: safe, hairdryer, satellite TV. Shuttle services to the airports and exhibition centres close by.

SINGLE ROOM : 520 FF : 79,27 €
DOUBLE ROOM : 560 to 600 FF : 85,37 to 91,47 €
SUITE : 780 FF : 118,91 €
BREAKFAST : 45 FF : 6,86 €

Sur la Rive Gauche, dans un quartier bourgeois de la capitale, presque à fleur de Seine, à proximité des grands centres d'affaires, de la Tour Eiffel, du Trocadéro et des Invalides, un hôtel de charme qui, au grand calme d'une rue peu passante, avec un joli jardin, joue la carte du classicisme et de la tradition. Les chambres - récemment entièrement rénovées - offrent tout le confort contemporain : climatisation, coffre-fort, sèche-cheveux, TV satellite. Les liaisons avec aéroports et parc des expositions sont à proximité.

RESERVATION CENTER  01 42 25 10 10

## LES HÔTELS DU PRÉ
*Groupe Hôtelier Familial*

10, 15, 16, RUE PIERRE SÉMARD
75009 - PARIS
*métro : Cadet*
TÉL : 01 42 81 37 11 • FAX : 01 40 23 98 28
*Amex, Visa, Master Card, Diner's*
email : hotel-relais-du-pré@wanadoo

A family group of three hotels all on the same road, which are true havens of peace in the centre of Paris, between the Opéra, the grand department stores the Gare de l'Est and Gare du Nord railway stations and the Montmartre hill, overlooked by the Sacré Coeur. Their 114 entirely refurbished rooms are equipped with sophisticated bathrooms and all modern conveniences: safe, fax and satellite television. The Relais du Pré hotels provide personal service, friendly breakfasts, three bars and lounges full of character for your relaxation.

SINGLE ROOM : 445 to 495 FF : 67,84 to 75,46 €
DOUBLE ROOM : 495 to 595 FF : 75,46 to 90,71 €
TWIN : 530 to 650 FF : 80,80 to 99,09 €
BREAKFAST : 50 to 60 FF : 7,62 to 9,15 €

Un groupe familial de trois hôtels, tous situés dans la même rue et qui sont de véritables îlots de calme au centre de Paris, entre l'Opéra, les Grands Magasins, les gares de l'Est et du Nord et la Butte Montmartre, avec le Sacré-Cœur qui la domine. Dans leurs 114 chambres entièrement rénovées, ils vous offrent, outre des salles de bain raffinées, tout le confort moderne - coffre-fort, fax et télévision satellite - ainsi qu'un accueil personnalisé. L'agrément d'un petit déjeuner convivial, de trois bars et de salons plein de charme pour votre détente.

RESERVATION CENTER ✆ 01 42 25 10 10

# HÔTEL SAINT PAUL LE MARAIS

8, RUE DES SÉVIGNÉ
75004 - PARIS
*métro : Saint-Paul*
TÉL : 01 48 04 97 27 • FAX : 01 48 87 37 04
*Amex, Visa, Master Card, Diner's*
email : stpaulmarais@hotellerie.net

At the heart of the Marais, near the Place des Vosges and the Opéra Bastille, the Carnavalet and Picasso museums, this charming hotel offers sophisticated sound-proofed rooms with all modern conveniences: baths or showers, toilet, cable TV, safe, tea and coffee making facilities, hairdryer, direct phone and room-service. Also a beauty parlour (balneotherapy, slimming course, beauty care), a vaulted breakfast room, a lounge / bar opening onto a garden patio for relaxation, and nearby parking facility. Internet access at the "Cyber bar"

**SINGLE ROOM : 590 to 690 FF : 89,94 to 105,19 €**
**DOUBLE ROOM : 690 to 790 FF : 105,19 to 120,43 €**

**BREAKFAST : 60 FF : 9,15 €**

Au cœur du Marais, voisinant avec la place des Vosges et l'Opéra Bastille, les musées Carnavalet et Picasso, un hôtel de charme qui offre des chambres raffinées - insonorisées et bénéficiant de tout le confort contemporain : salles de bain ou douche, toilettes, TV câblée, coffre-fort, plateau-thé, café, séche cheveux, téléphone direct et room-service. Vous y trouverez aussi un institut de beauté (balnéothérapie, cures minceur, soins), une salle voûtée pour le petit déjeuner, un salon bar pour la détente ouvert sur un patio fleuri, et le tout nouveau cyber-bar. Un parc de stationnement est à proximité.

RESERVATION CENTER  01 42 25 10 10

# Tulip Inn Opéra de Noailles

9, rue de la Michodière
75002 - Paris
*métro : Quatre Septembre*
TÉL : 01 47 42 92 90 • FAX : 01 49 24 92 71
*Amex, Visa, Master Card, Diner's, Jcb*
http://www.hotel.de.noailles.com - email : tulip.inn.de.noailles@wanadoo.fr

Completely renovated and air-conditioned in early 1999, this modern hotel is centrally located in the business district of Paris, close to the department stores, close to the Opéra-Garnier and the Louvre. The bedrooms are bright and functional, with matching colour schemes and woodwork, and have every modern comfort. Most of them give onto a pastoral interior garden. Some even have their own terraces and private gardens. The bathrooms are designed in the same spirit, with pretty white tiling. And, to make your stay even more enjoyable, relax in one of our charming lounges.

SINGLE ROOM : 650 to 1200 FF : 99,09 to 182,93 €
CHAMBRE ROOM : 750 to 1200 FF : 114,33 to 182,93 €
SUITE : 1200 to 1500 FF : 182,93 to 228,67 €
BREAKFAST : 50 to 70 FF : 7,62 to 10,67 €

Entièrement rénové et climatisée début 1999, cet hôtel moderne est au cœur du Paris des affaires et des grands magasins, à deux pas de l'Opéra-Garnier et du Louvre. Les chambres sont fonctionnelles et gaies, mariant le bois à des chromatismes harmonieux, disposant de tout le confort moderne, la majorité d'entre elles ouvrant sur un bucolique jardin intérieur. Certaines bénéficient même de terrasses aménagées et de petits jardins privés. Les salles de bains sont à l'identique, joliment carrelées de blancs. Et pour un séjour encore plus chaleureux, de charmants salons sont à votre disposition.

RESERVATION CENTER  01 42 25 10 10

# BEST RESTAURANTS IN PARIS

**is a FREE reservation center**
**33 1 42 25 10 10**

**est un service de réservation GRATUIT**
**01 42 25 10 10**

## French Haute Cuisine / Haute Cuisine Française
### 500 FF and Over / 500 FF et plus
Tax and service included, without wines. / Taxes et services compris sans les vins.

| | | | |
|---|---|---|---|
| **Alain Ducasse** | 59, av Raymond-Poincaré - 16e | **L'Espadon** | Pl Vendôme - 1er |
| **Les Ambassadeurs** | 10, pl de la Concorde - 8e | **Faugeron** | 52, rue de Longchamp - 16e |
| **Amphycles** | 78, des Ternes - 17e | **Le Grand Véfour** | 17, rue de Beaujolais - 1er |
| **Apicius** | 122, av de Villiers - 17e | **La Grande Cascade** | Allée de Longchamp - 16e |
| **Le Bristol** | 112, rue du Faubourg-St-Honoré - 8e | **Guy Savoy** | 18, rue Troyon - 17e |
| **Le Cinq** | 24, av George-V - 8e | **Jacques Cagna** | 14, rue des Grands-Augustins - 6e |
| **Drouant** | 18, pl Gaillon - 2e | **Le Jules-Verne** | 2e étage de la Tour-Eiffel - 7e |
| **Les Elysées du Vernet** | 25, rue Vernet - 8e | | |
| **Lasserre** | 17, av Franklin-D.-Roosevelt - 8e | **Laurent** | 41, av. Gabriel - 8e |
| **Ledoyen** | 1, av Dutuit - 8e | **Michel Rostang** | 20, rue Rennequin - 17e |
| **Opéra** | 5, pl de l'Opéra - 9e | **Le Pré Catelan** | Bois de Boulogne - 16e |
| **Le Régence** | 25, av Montaigne - 8e | **La Tour d'Argent** | 15, quai de la Tournelle - 5e |

## Fine Dining / Bonne Table Gourmande
### 300 FF to 500 FF / 300 FF à 500 FF
Tax and service included, without wines. / Taxes et services compris sans les vins.

| | | | |
|---|---|---|---|
| **L'Astor** | 11, rue d'Astorg - 8e | **Le Chiberta** | 3, rue Arsène-Houssaye - 8e |
| **Bath's** | 9, rue de la Trémoille - 8e | **Au Comte de Gascogne** | BOULOGNE |
| **Le Bourdonnais** | 113, av de la Bourdonnais - 7e | **Faucher** | 123, av de Wagram - 17e |
| **Le Céladon** | 13, rue de la Paix - 2e | **Le Jardin** | 37, av Hoche - 8e |
| **Les Célébrités** | 61, quai de Grenelle - 15e | **Lapérouse** | 51, quai des Grands-Augustins - 6e |
| **Montparnasse 25** | 19, rue du Cdt-Mouchotte - 14e | **Les Muses** | 1, rue Scribe - 9e |
| **Le Pergolèse** | 40, rue de Pergolèse - 16e | **Le Petit Colombier** | 40-42, rue des Acacias - 17e |
| **Spoon Food and Wine** | 14, rue Marignan - 8e | | |

## French Gastronomic Cuisine / Cuisine Gastronomique Française
### From 200 FF to 350 FF / De 200 FF à 350 FF
Tax and service included, without wines.

| | | | |
|---|---|---|---|
| **Aristippe** | 8, rue Jean-Jacques-Rousseau - 1er | **Le Club** | 12, rue de Poitiers - 7e |
| **Armand au Palais-Royal** | 4, rue de Beaujolais - 1er | **Le Coq de la Maison-Blanche** | ST-OUEN |
| **Le Bellecour** | 22, rue Surcouf - 7e | **La Ferme Saint-Simon** | 6, rue de St-Simon - 7e |
| **Le Bistrot du Sommelier** | 97, bd Haussman - 8e | **La Fermette Marbeuf 1900** | 5, rue Marbeuf - 8e |
| **Le Café de Vendôme** | 1 pl Vendôme - 1er | **Le Fouquet's** | 99, av des Champs-Elysées - 8e |
| **Le Café Drouant** | 8, pl Gaillon - 2e | **Le Galion** | 10, allée du bord de l'Eau - 16e |
| **Le Café M** | 21, bd Malesherbes - 8e | **Les Jardins de Bagatelle** | NEUILLY |
| **Le Café Mosaïc** | 46, av George-V - 8e | **Le Maxence** | 9, bis bd du Montparnasse - 6e |
| **La Closerie des Lilas** | 171, bd du Montparnasse - 6e | | |
| **Perles de Vendome** | 1 pl. Vendôme - 1er | **La Petite Cour** | 8, rue Mabillon - 6e |
| **Pierre à la Fontaine Gaillon** | Place Gaillon 2e | **Le Poquelin** | 17, rue Molière - 1er |
| **Le Relais du Parc** | 7, av Raymond-Poincaré - 16e | **Le Relais Plaza** | 25, av Montaigne - 8e |
| **Le Restaurant du Palais-Royal** | galerie de Valois - 1er | **La Truite Vagabonde** | 17, rue des Batignolles - 17e |
| **Yvan** | 1 bis, rue Jean-Mermoz - 8e | | |

## Sea Food / Poissons
### From 250 FF to 600 FF / De 250 FF à 600 FF
Tax and service included, without wines.

| | | | |
|---|---|---|---|
| **La Cagouille** | 10, pl Constantin-Brancusi - 14e | **Le Dôme** | 108, bd du Montparnasse - 14e |
| **Caviar Kaspia** | 17, place de la Madeleine - 8e | **Garnier** | 111, rue St-Lazare - 8e |
| **Charlot** | 12 pl de Clichy - 9e | **Jarrasse** | 4, av de Madrid - NEUILLY |
| **Dessirier** | 9, pl du Maréchal-Juin - 17e | **La Luna** | 69, rue du Rocher - 8e |
| **Le Divellec** | 107, rue de l'Université - 7e | **La Marée** | 1, rue Daru - 8e |
| **La Méditerrannée** | 2, pl. de l'Odéon - 6e | **Petrossian** | 8, bd de la Tour-Maubourg - 7e |
| **Petrus** | 12, pl du Maréchal-Juin - 17e | **Stella Maris** | 4, rue Arsène-Houssaye - 8e |

## European Gastronomic Cuisine / Cuisine Européenne
### From 200 FF to 350 FF / De 250 FF à 350 FF
Tax and service included, without wines.

| | | | |
|---|---|---|---|
| **Beato** | 8, rue Malar - 7e | **Dominique** | 19, rue Le-Bréa - 6e |
| **Berties** | 1, rue Léo-Delibes - 16e | **Fellini** | 47, rue de l'Arbre-Sec - 1er |
| **Conti** | 72, rue Lauriston - 16e | **Findi-George-V** | 24, av George-V - 8e |
| **Copenhague** | 142, av des Champs-Elysees - 8e | **Fontanarosa** | 28, bd Garibaldi - 15e |
| **Delizie d'Uggiano** | 18, rue Duphot - 1er | **Fra Diavolo** | 73, av. Kléber - 16e |
| **La Doganella** | 47, av. Raymond-Poincaré - 16e | **Il Cortile** | 37, rue Cambon - 1er |
| **Il Sardo** | 46 bis, rue de Clichy - 9e | **Mavrommatis** | 42, rue Daubenton - 5e |
| **Le Paprika** | 28, av Trudaine - 9e | **La Romantica** | 73, bd Jean-Jaurès - BOULOGNE |
| **San Francisco** | 1, rue Mirabeau - 16e | **San Valero** | NEUILLY |

## BISTROTS
### From 200 FF to 300 FF
Tax and service included, without wines.

## BISTROTS
### De 200 FF à 300 FF
Tax and service included, without wines.

| | | | |
|---|---|---|---|
| ALLARD | 1, rue de l'Eperon - 6e | CHEZ ANDRÉ | 12, rue Marbeuf - 8e |
| L'ANGE VIN | 168, rue Montmartre - 2e | CHEZ ELLE | 7, rue des Prouvaires - 1er |
| BISTRO 121 | 121, rue de la Convention - 15e | CHEZ GEORGES | 273, bd Péreire - 17e |
| LES BISTROTS D'À CÔTÉ | 10, rue Gustave-Flaubert - 17e | FERNAND | 13, rue Guisarde - 6e |
| LES BISTROTS DE L'ETOILE | 19, rue de Lauriston - 16e | AU GÉNÉRAL LA FAYETTE | 52, rue La Fayette - 9e |
| LES BISTROTS DE L'ETOILE | 75, av Niel - 17e | AU MOULIN À VENT | 20, rue des Fossés-St-Bernard - 5e |
| LES CAVES PETRISSANS | 30bis, av Niel - 17e | LE PÈRE CLAUDE | 51, av de la Motte-Piquet - 15e |
| AUX CHARPENTIERS | 10, rue Mabillon - 6e | | |

| | | | |
|---|---|---|---|
| LE PETIT BOFINGER | 6, rue de la Bastille - 4e | | |
| AU PETIT RICHE | 25, rue Le-Peletier - 9e | | |
| LA RÔTISSERIE D'ARMAILLÉ | 6, rue d'Armaillé - 17e | | |
| LA RÔTISSERIE D'EN FACE | 2, rue Christine - 6e | | |
| LA RÔTISSERIE MONSIGNY | 1, rue Monsigny - 2e | | |
| A SOUSCEYRAC | 85, rue Faidherbe - 11e | | |
| LE SQUARE TROUSSEAU | 1, rue Antoine-Vollon - 12e | | |
| THOUMIEUX | 79, rue St-Dominique - 7e | | |

## BRASSERIES
### 250 FF and less
Tax and service included, without wines.

## BRASSERIES
### 250 FF et moins
Tax and service included, without wines.

| | | | |
|---|---|---|---|
| L'ALSACE | 39, av des Champs-Elysées - 8e | LE CAFÉ DE LA PAIX | 2, bd des Capucines - 2e |
| L'ARBUCI | 25, rue de Buci - 6e | LE CAP VERNET | 82, av Marceau - 8e |
| LE BALLON DES TERNES | 103, av des Ternes - 17e | CHEZ FRANÇOISE | Aérogare des Invalides - 7e |
| LE BALZAR | 49, rue des Ecoles - 5e | CHEZ JENNY | 39, bd du Temple - 3e |
| LE BOEUF SUR LE TOIT | 34, rue du Colisée - 8e | LA COUPOLE | 102, bd du Montparnasse - 14e |
| BOFINGER | 5-7, rue de la Bastille - 4e | LE FLANDRIN | 4, pl Tattegrain - 16e |
| LA BRASSERIE FLO | 7 Cour des Petites-Ecuries - 10e | LE GRAND CAFÉ | 4, bd des Capucines - 9e |
| LA BRASSERIE GALLOPIN | 40, rue Notre-Dame-des-Victoires - 2e | LE GRAND COLBERT | 2, rue Vivienne - 2e |
| LA BRASSERIE LORRAINE | 2, pl des Ternes - 8e | JULIEN | 16, rue du Faubourg-St-Denis - 10e |

| | |
|---|---|
| LE LUXEMBOURG | 58, bd St-Michel - 6e |
| LE PETIT ZINC | 11, rue Saint-Benoit - 6e |
| AU PIED DE COCHON | 6, rue Coquilliere - 1er |
| LE PROCOPE | 13, rue de l'Ancienne-Comédie - 6e |
| SÉBILLON | 66, rue Pierre-Charron - 8e |
| LA TAVERNE | 24, bd des Italiens - 9e |
| TERMINUS NORD | 23, rue de Dunkerque - 10e |
| VAGENENDE | 142, bd St-Germain - 6e |
| LE VAUDEVILLE | 29, rue Vivienne - 2e |

## BEST VALUE
### 220 FF and less
Tax and service included, without wines.

## BON RAPPORT QUALITÉ PRIX
### 220 FF et moins
Tax and service included, without wines.

| | | | |
|---|---|---|---|
| ANACRÉON | 53, bd St-Marcel - 13e | CHEZ TOUTOUNE | 5, rue de Pontoise - 5e |
| ATELIER MAÎTRE ALBERT | 1, rue Maître-Albert - 5e | LE CHRISTINE | 1, rue Christine - 6e |
| LES BOUCHONS DE FRANCOIS CLERC | 5, 8, 14, 16,17e | LA GAUDRIOLE | 30, rue Montpensier - 1er |
| LE BOUILLON RACINE | 3, rue Racine - 6e | LA MARLOTTE | 55, rue du Cherche-Midi - 6e |
| LES BRÉZOLLES | 5, rue Mabillon - 6e | L'O À LA BOUCHE | 157, bd du Montparnasse - 6e |

| | |
|---|---|
| L'OS À MOELLE | 3, rue Vasco-de-Gama - 15e |
| LE RELAIS DES BUTTES | 86, rue Compans - 18e |
| LE RESTAURANT | 32, rue Véron - 18e |
| LA TRUFFIÈRE | 4, rue Blainville - 5e |
| LE VERRE BOUTEILLE | 85, av des Ternes - 17e |

## FUN AND TRENDY
### From 200 FF to 300 FF
Tax and service included, without wines.

## TENDANCE
### De 200 FF à 300 FF
Tax and service included, without wines.

| | | | |
|---|---|---|---|
| LE 16 HAUSSMANN | 16, bd Haussmann - 8e | LE CAFÉ INDOCHINE | 195, rue du Faubourg-St-Honoré - 8e |
| L'ALCAZAR | 62, rue Mazarine - 6e | LE CAFÉ LA JATTE | NEUILLY |
| L'APPART | 9-11, rue du Colisée - 8e | LE CAFÉ MARLY | Cour Napoléon - 1er |
| L'AVENUE | 41, av Montaigne - 8e | CAP SEGUIN | Face 27 quai Le Gallo - BOULOGNE |
| BARFLY | 49-51, av George-V - 8e | CHEZ LIVIO | 6, rue de Longchamp - NEUILLY |
| BARRAMUNDI | 3, rue Taitbout - 9e | LE DÉBARCADÈRE | 11, rue du Débarcadère - 17e |
| BERMUDA ONION | 16, rue de Linois - 15e | EMPORIO ARMANI CAFÉ | 149, bd St-Germain - 6e |
| BOCA CHICA | 58, rue de Charonne - 11e | MAN RAY | 34, rue Marbeuf - 8e |
| LES BOOKINISTES | 53, quai des Grands-Augustins - 6e | LES PERSIENNES | 28, rue Marbeuf - 8e |
| LE BUDDHA BAR | 8, rue Boissy-d'Anglas - 8e | LE PETIT POUCET | LEVALLOIS |
| LA BUTTE CHAILLOT | 110 bis, av Kléber - 16e | | |

| | |
|---|---|
| AU PIED DE CHAMEAU | 20, rue Quincampoix - 4e |
| LA PLAGE PARISIENNE | Port de Javel-Haut - 15e |
| QUAI OUEST | NEUILLY |
| LE RÉSERVOIR | 16, rue de la Forge-Royale - 11e |
| RIVER CAFÉ | BOULOGNE |
| SPICY | 8, av Franklin-D.-Roosevelt - 8e |
| LA TERRASSE | 35 bis, rue la Fontaine - 16e |
| LE TOTEM | 17, pl du Trocadéro - 16e |
| ZEBRA SQUARE | 3, pl Clément-Ader - 16e |
| ZO | 3, rue de Montalivet - 8e |

## WORLD CUISINE
### From 200 FF to 350 FF
Tax and service included, without wines.

## CUISINE DU MONDE
### De 200 FF à 350 FF
Tax and service included, without wines.

| | | | |
|---|---|---|---|
| ASIAN | 30, av George-V - 8e | KSAR | 3, rue Saint-Philippe-du-Roule - 8e |
| LE BLUE ELEPHANT | 43-45, rue de la Roquette - 11e | LO SUSHI | 8, rue de Berri - 8e |
| CHEZ VONG | 10, rue de la Grande-Truanderie - 1er | LE MANDARIN | 1, rue de Berri - 8e |
| EL MANSOUR | 7, rue de la Tremoille - 8e | LE MANDARIN | 11, rue Faidherbe - 11e |
| FAKHR EL DINE | 30, rue de Longchamp - 16e | MANSOURIA | |
| FOC LY | 79, av Charles-de-Gaulle - NEUILLY | OUM EL BANINE | 16, bis rue Dufrenoy - 8e |
| INAGIKU | 4, rue Pontoise - 5e | PASSY MANDARIN | 6, rue d'Antin - 2e |
| INDRA | 10, rue du Cdt-Riviere - 8e | PASSY MANDARIN | 116, rue Bois-le-Vent - 16e |
| KHUN AKORN | 8, av de Taillebourg - 11e | LE PAVILLON NOURA | 21, av. Marceau - 16e |
| KIM ANH | 15, rue de l'Eglise - 15e | LE SANTAL | 8, rue Halévy - 9e |

| | |
|---|---|
| SHOZAN | 11, rue de la Tremoille - 8e |
| SUSHI ONE | 63, av. Franklin-D.-Roosevelt - 8e |
| TAN DINH | 60, rue de Verneuil - 7e |
| TIMGAD | 21, rue Brunel - 17e |
| TONG YEN | 1 bis, rue Jean-Mermoz - 8e |
| TSE YANG | 25, av Pierre-1er-de-Serbie - 16e |
| VERSION SUD | 3, rue de Berryer - 8e |
| LE VILLAGE D'UNG ET LILAM | 10, rue Jean-Mermoz - 8e |
| YUGARAJ | 14, rue Dauphine - 6e |
| ZIRYAB | 1, rue ses Fossés-St-Bernard - 5e |

**CHÂTEAU DE VERSAILLES**

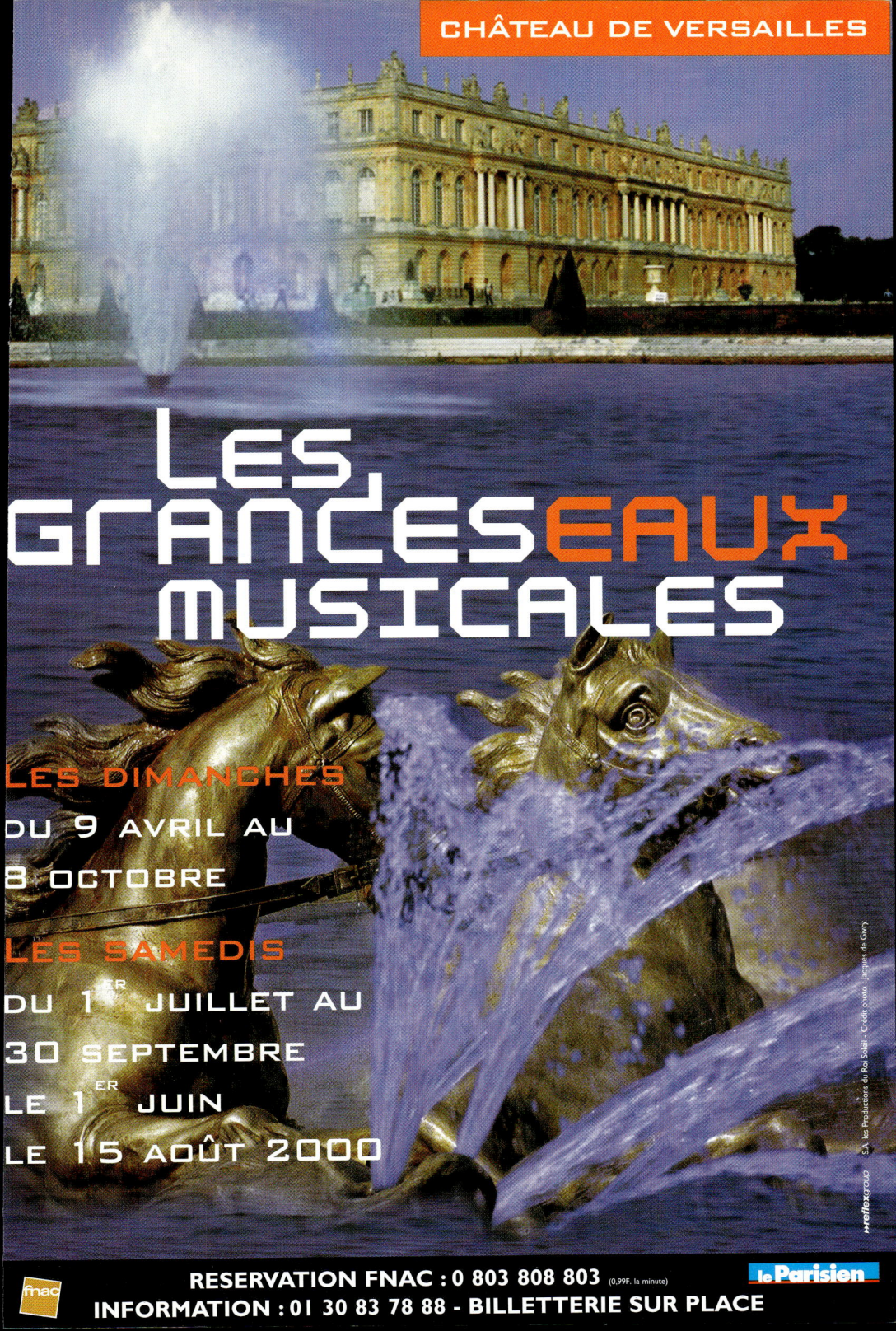

# LES GRANDES EAUX MUSICALES

**LES DIMANCHES**
DU 9 AVRIL AU
8 OCTOBRE

**LES SAMEDIS**
DU 1er JUILLET AU
30 SEPTEMBRE
LE 1er JUIN
LE 15 AOÛT 2000

fnac

RESERVATION FNAC : 0 803 808 803 (0.99F. la minute)
INFORMATION : 01 30 83 78 88 - BILLETTERIE SUR PLACE

le Parisien

# INDEX

| Hotel | Arondissement | Page N° | Valet Parking - Voiturier | Parking - Parking | Air-conditioning - Climatisation | Garden Veranda - Jardin - Terrasse | Modem - Prise Modem | Conference room - Salle de conférence | Fitness - Fitness | Not smoker bedroom Chambres non fumeur |
|---|---|---|---|---|---|---|---|---|---|---|
| ACADÉMIE (DE L') | 7 | 126 |  | ★ | ★ | ★ | ★ | ★ |  | ★ |
| ALBE (D') | 5 | 146 |  |  | ★ |  | ★ |  |  | ★ |
| AMPÈRE | 17 | 67 | ★ | ★ | ★ | ★ | ★ | ★ |  | ★ |
| ANJOU LAFAYETTE | 9 | 99 |  | ★ |  |  | ★ |  |  | ★ |
| ARAMIS SAINT GERMAIN | 6 | 147 |  | ★ | ★ |  |  |  |  |  |
| ASCOT OPERA | 2 | 148 |  | ★ | ★ |  | ★ |  |  |  |
| ATELIER MONTPARNASSE | 6 | 100 |  |  |  | ★ |  |  |  | ★ |
| BALMORAL | 17 | 68 |  |  | ★ |  | ★ |  |  |  |
| BANVILLE (DE) | 17 | 69 |  | ★ | ★ |  | ★ |  |  |  |
| BOURDONNAIS (LA) | 7 | 149 |  | ★ | ★ |  |  |  |  |  |
| BOURGOGNE ET MONTANA | 7 | 70 |  |  | ★ | ★ | ★ |  |  | ★ |
| BRETAGNE (DE) | 14 | 150 |  |  | ★ |  | ★ |  |  | ★ |
| BRETONNERIE (DE LA) | 4 | 127 |  |  |  |  |  |  |  | ★ |
| BRISTOL | 8 | 11 | ★ | ★ | ★ | ★ | ★ | ★ | ★ | ★ |
| BRITANNIQUE | 1 | 128 |  |  |  |  | ★ |  |  |  |
| BUCI (DE) | 6 | 71 | ★ |  | ★ |  | ★ |  |  |  |
| CADRAN | 7 | 151 |  |  | ★ |  | ★ |  |  | ★ |
| CAMBON | 1 | 101 |  |  |  |  |  |  |  | ★ |
| CASTILLE (DE) | 1 | 45 | ★ | ★ | ★ | ★ | ★ | ★ |  | ★ |
| CHAMPERRET ELYSÉES | 17 | 152 |  | ★ | ★ |  | ★ |  |  | ★ |
| CHATEAUDUN | 9 | 153 |  | ★ | ★ |  | ★ | ★ |  | ★ |
| CLARIDGE BELLMAN | 8 | 46 |  | ★ | ★ |  | ★ | ★ |  | ★ |
| CLOS MÉDICIS (LE) | 6 | 72 |  |  | ★ | ★ | ★ |  |  | ★ |
| CONTINENT (DU) | 1 | 102 |  |  | ★ |  | ★ |  |  |  |
| CORDELIA | 8 | 103 |  |  |  |  |  |  |  |  |
| CORONA OPERA | 9 | 154 |  | ★ |  |  |  |  |  |  |
| COSTES | 1 | 19 | ★ | ★ | ★ | ★ | ★ |  | ★ | ★ |
| CRILLON (DE) | 8 | 12 | ★ | ★ | ★ | ★ | ★ | ★ | ★ | ★ |
| D'AUBUSSON | 6 | 20 | ★ | ★ | ★ | ★ | ★ | ★ |  | ★ |
| DERBY EIFFEL | 7 | 155 |  |  | ★ | ★ |  | ★ |  | ★ |
| DES DEUX CONTINENTS | 6 | 129 |  |  |  |  |  |  |  |  |
| DES DEUX ILES / DE LUTECE | 4 | 130 |  |  |  | ★ |  |  |  |  |
| DES TUILERIES | 1 | 156 |  | ★ |  |  | ★ | ★ |  | ★ |
| DUCS DE BOURGOGNE | 1 | 157 |  |  | ★ |  | ★ |  |  |  |
| DUQUESNE EIFFEL | 7 | 104 |  |  | ★ |  | ★ |  |  |  |
| EBER MONCEAU | 17 | 105 | ★ | ★ |  |  |  |  |  |  |
| EDOUARD VII | 2 | 75 |  |  | ★ |  | ★ | ★ |  |  |
| ELYSÉES STAR | 8 | 47 | ★ | ★ | ★ |  | ★ | ★ |  | ★ |
| ETATS UNIS OPÉRA | 2 | 158 |  |  | ★ |  | ★ | ★ |  |  |
| ETOILE MAILLOT | 16 | 159 |  |  | ★ |  |  |  |  |  |
| ETOILE PÉREIRE | 17 | 160 |  | ★ | ★ |  |  |  |  | ★ |
| FRANCE D'ANTIN (DE) | 2 | 106 |  |  | ★ |  | ★ | ★ |  | ★ |
| FRANKLIN ROOSEVELT | 8 | 76 |  |  | ★ |  | ★ |  |  |  |

# INDEX

| Hotel | Arrondissement | Page N° | Valet Parking - Voiturier | Parking - Parking | Air-conditioning - Climatisation | Garden Veranda - Jardin - Terrasse | Modem - Prise Modem | Conference room - Salle de conférence | Fitness - Fitness | Not smoker bedroom Chambres non-fumeurs |
|---|---|---|---|---|---|---|---|---|---|---|
| GALILÉO | 8 | 107 |  |  | ★ |  | ★ |  |  |  |
| GEORGE V | 8 | 13 | ★ | ★ | ★ | ★ | ★ | ★ | ★ | ★ |
| GOLDEN TULIP ST-HONORÉ | 8 | 77 |  | ★ | ★ |  | ★ | ★ |  | ★ |
| GRAND HÔTEL / INTER-CONTINENTAL | 9 | 21 | ★ | ★ | ★ | ★ | ★ | ★ | ★ | ★ |
| HYATT REGENCY | 8 | 22 | ★ | ★ | ★ | ★ | ★ | ★ | ★ | ★ |
| INTER CONTINENTAL | 1 | 23 | ★ |  | ★ | ★ | ★ | ★ | ★ | ★ |
| JARDINS D'EIFFEL | 7 | 161 |  | ★ | ★ | ★ |  |  |  | ★ |
| JARDINS DU TROCADÉRO | 16 | 131 |  | ★ | ★ |  | ★ | ★ |  | ★ |
| JEU DE PAUME (DU) | 4 | 132 |  |  | ★ | ★ | ★ | ★ |  |  |
| K | 16 | 24 | ★ | ★ | ★ | ★ | ★ |  | ★ | ★ |
| KLÉBER | 16 | 133 |  | ★ | ★ |  |  | ★ |  | ★ |
| LANCASTER | 8 | 25 | ★ | ★ | ★ | ★ | ★ | ★ | ★ | ★ |
| LAUTREC OPÉRA | 2 | 108 |  |  | ★ |  | ★ |  |  | ★ |
| LAVOISIER | 8 | 109 |  |  | ★ | ★ | ★ |  |  | ★ |
| LENOX MONTPARNASSE | 14 | 162 |  |  |  |  | ★ |  |  |  |
| LEVANT (DU) | 5 | 163 |  |  | ★ |  |  |  |  |  |
| LIBERTEL L'HORSET OPÉRA | 2 | 164 |  |  | ★ |  | ★ |  |  | ★ |
| LIBERTEL TERMINUS NORD | 10 | 78 | ★ | ★ | ★ |  | ★ | ★ |  | ★ |
| LITTLE PALACE | 3 | 110 |  |  | ★ |  | ★ |  |  | ★ |
| LOUVRE (DU) | 1 | 48 | ★ | ★ | ★ | ★ | ★ | ★ |  |  |
| LUTÉTIA | 6 | 26 | ★ | ★ | ★ |  | ★ | ★ |  | ★ |
| MADISON | 6 | 49 |  | ★ | ★ |  | ★ |  |  |  |
| MARIGNAN | 8 | 50 | ★ |  | ★ | ★ | ★ | ★ |  | ★ |
| MAYFAIR | 1 | 79 | ★ | ★ | ★ |  | ★ | ★ |  | ★ |
| MILLENNIUM OPÉRA PARIS | 9 | 53 | ★ |  | ★ |  | ★ | ★ |  |  |
| MILLÉSIME | 6 | 134 |  |  | ★ |  |  |  |  |  |
| MINISTÈRE (DU) | 8 | 165 |  | ★ | ★ | ★ | ★ | ★ |  | ★ |
| MOLIÈRE | 1 | 166 |  |  | ★ |  |  |  |  |  |
| MONNA LISA | 8 | 80 |  | ★ | ★ |  | ★ |  |  | ★ |
| MONTALEMBERT | 7 | 27 | ★ | ★ | ★ | ★ | ★ | ★ |  |  |
| MUGUET | 7 | 167 |  |  |  | ★ | ★ | ★ |  |  |
| NAPOLÉON DE PARIS | 8 | 54 | ★ | ★ | ★ |  | ★ | ★ |  | ★ |
| NEWTON OPÉRA | 8 | 111 |  | ★ | ★ |  | ★ |  |  | ★ |
| NORMANDY | 1 | 81 | ★ |  | ★ |  | ★ | ★ |  | ★ |
| ODÉON | 6 | 135 |  |  | ★ |  | ★ | ★ |  |  |
| OPÉRA CADET | 9 | 112 |  | ★ | ★ | ★ | ★ | ★ |  |  |
| PARC (LE) | 16 | 28 | ★ |  | ★ | ★ | ★ | ★ | ★ | ★ |
| PAVILLON DE LA REINE | 3 | 31 | ★ | ★ | ★ | ★ | ★ |  |  | ★ |
| PAVILLON MONCEAU | 17 | 114 |  | ★ | ★ |  | ★ |  |  | ★ |
| PERGOLÈSE | 16 | 55 |  | ★ | ★ |  | ★ |  |  | ★ |
| PERLE (LA) | 6 | 136 |  |  | ★ | ★ | ★ |  |  |  |
| PLAZA ATHÉNÉE | 8 | 14 | ★ | ★ | ★ | ★ | ★ | ★ | ★ | ★ |
| POWERS | 8 | 82 |  |  | ★ |  | ★ | ★ | ★ |  |

# INDEX

| Hotel | Arrondissement | Page N° | Valet Parking - Voiturier | Parking - Parking | Air-conditioning - Climatisation | Garden Veranda - Jardin - Terrasse | Modem - Prise Modem | Conference room - Salle de conférence | Fitness - Fitness | Not smoker bedroom Chambres non-fumeurs |
|---|---|---|---|---|---|---|---|---|---|---|
| PRINCESSE CAROLINE | 17 | 115 | | | ★ | | ★ | ★ | | |
| QUEEN ELISABETH | 8 | 56 | ★ | ★ | ★ | ★ | ★ | ★ | ★ | ★ |
| QUEEN MARY | 8 | 85 | | | ★ | ★ | | | | |
| RASPAIL MONTPARNASSE | 14 | 116 | | | ★ | | ★ | | | |
| REGENT'S GARDEN | 17 | 86 | | ★ | ★ | ★ | ★ | ★ | | ★ |
| RELAIS BOSQUET | 7 | 117 | ★ | ★ | ★ | ★ | ★ | | | |
| RELAIS CHRISTINE | 6 | 32 | ★ | ★ | ★ | ★ | ★ | ★ | | ★ |
| RELAIS DU LOUVRE | 1 | 137 | | ★ | ★ | ★ | ★ | | | ★ |
| RELAIS DU PRÉ | 9 | 168 | | ★ | | | | | | |
| RELAIS SAINT GERMAIN | 6 | 57 | | | ★ | | ★ | | | |
| RÉSIDENCE DU ROY | 8 | 87 | ★ | ★ | ★ | ★ | | | | |
| RÉSIDENCE IMPÉRIALE | 16 | 118 | | | ★ | | | ★ | | ★ |
| RITZ | 1 | 15 | ★ | ★ | ★ | ★ | ★ | ★ | ★ | ★ |
| ROYAL HÔTEL | 8 | 88 | ★ | | ★ | | ★ | ★ | ★ | ★ |
| ROYAL MONCEAU | 8 | 33 | ★ | ★ | ★ | ★ | ★ | ★ | ★ | ★ |
| ROYAL SAINT-HONORÉ (LE) | 1 | 89 | | | ★ | ★ | ★ | ★ | | ★ |
| SAINT-GRÉGOIRE | 6 | 138 | | ★ | ★ | ★ | | | | ★ |
| SAINT JAMES PARIS | 16 | 34 | ★ | ★ | ★ | ★ | ★ | ★ | ★ | ★ |
| SAINT PAUL LE MARAIS | 4 | 169 | | | ★ | ★ | ★ | | | |
| SAINTE BEUVE | 6 | 119 | | | ★ | | ★ | | | |
| SAN RÉGIS | 8 | 35 | ★ | ★ | ★ | | ★ | | ★ | ★ |
| SOFITEL LE FAUBOURG | 8 | 36 | ★ | ★ | ★ | ★ | ★ | ★ | ★ | ★ |
| SQUARE | 16 | 37 | ★ | ★ | ★ | ★ | ★ | ★ | ★ | |
| STENDHAL | 2 | 139 | ★ | | ★ | | ★ | | ★ | |
| SULLY SAINT GERMAIN | 5 | 140 | | ★ | ★ | ★ | | ★ | ★ | |
| TERRASS HÔTEL | 18 | 90 | | ★ | ★ | ★ | ★ | ★ | | ★ |
| TOUR NOTRE DAME (LA) | 5 | 141 | | | ★ | | ★ | | | ★ |
| TOURVILLE (LE) | 7 | 120 | | | ★ | ★ | | | | ★ |
| TREMOILLE (DE LA) | 8 | 58 | ★ | | ★ | | | ★ | | |
| TRONCHET | 8 | 142 | | | ★ | | ★ | | | ★ |
| TULIP INN OPÉRA DE NOAILLES | 2 | 170 | | | ★ | ★ | | ★ | | ★ |
| VENDÔME (DE) | 1 | 38 | ★ | ★ | ★ | ★ | ★ | | | |
| VERNET | 8 | 39 | ★ | ★ | ★ | | ★ | ★ | | ★ |
| VERNEUIL | 7 | 93 | | | ★ | | | | | |
| VIGNON | 8 | 121 | ★ | ★ | ★ | | ★ | ★ | | ★ |
| VILLA ALESSANDRA | 17 | 122 | ★ | | ★ | | ★ | ★ | | |
| VILLA BEAUMARCHAIS | 3 | 59 | ★ | ★ | ★ | ★ | ★ | ★ | | ★ |
| VILLA (LA) | 6 | 123 | | | ★ | | ★ | | ★ | |
| VILLA MAILLOT | 16 | 94 | ★ | ★ | | ★ | ★ | | | ★ |
| VILLA OPÉRA DROUOT | 9 | 60 | | | ★ | | ★ | | | |
| WARWICK | 8 | 61 | ★ | ★ | ★ | ★ | | ★ | | ★ |
| WASHINGTON OPÉRA | 1 | 62 | | ★ | ★ | ★ | ★ | ★ | ★ | ★ |
| WESTMINSTER | 2 | 40 | ★ | ★ | ★ | | ★ | ★ | | ★ |